谨以此书向京剧大师马连良先生致敬

马连良画传

马龙 著

作家出版社

马连良

马连良夫人陈慧琏之剧装照

马连良与陈慧琏结婚照

《临潼山》马连良饰李渊

《甘露寺》马连良饰乔玄

《海瑞罢官》 马连良饰海瑞

《借东风》 马连良饰诸葛亮

《三顾茅庐》马连良饰诸葛亮，谭富英饰刘备，裘盛戎饰张飞

《汾河湾》马连良饰薛仁贵，梅兰芳饰柳迎春

蒋兆和绘马连良扮程婴剧装像

马连良绘赠杨宝忠扇面

马连良书赠王和霖扇面

目录

第三部 如日中天（1932–1937）……87

第四部 风起云涌（1938–1951）……119

第五部 高山仰止（1952–1966）……181

第1部

壹玖零壹~壹玖贰贰

木秀于林

1901-1922

从此马家的三赏儿就算正式进入了喜连成科班拜叶春善先生为师排连字辈由总教习萧长华起名连良字温如萧先生慧眼识人他把温良恭俭让的道德理念寄托在这个八岁的孩子身上

门马茶馆生财有道。
话匣子能卖大满堂。

1901年，即清光绪二十七年，皇城北京在刚刚经历了“庚子之乱”以后，就像沉疴已久的病人，失去了她以往独有的韵致和风采，于风雨飘摇之中步入新的一年。就在正月初十这一天，住在北京阜成门外檀家道的马西园却异常兴奋，因为他三儿子的出生，让这凄风苦雨中的一家人有了一丝心灵上的慰藉，给这贫苦的穆斯林家庭带来了难得的快乐，这个刚出生的男孩就是本书的主人公——马连良。

马连良一家世居京城，在他成名以后有人曾说其祖上来自陕西扶风，也有人说来自山东，至今均无考证。家人只知道，其祖父马永祥在清咸丰年间就居于京城，是一名虔诚的伊斯兰教信徒。

京城回民的血脉中流淌着阿拉伯人善于营商的基因，所从事的商业领域也是包罗万象无奇不有。由于回民的姓氏比较集中，为了相互区分，喜在姓氏前加注所从事的行业。花市一带的回民人家有许多从事古玩行，颇为殷实富足，比如“金店李家”、“玉器金家”、“古玩铁家”、“珠子沙家”等。

从事上述大买卖的人家毕竟是少数，大多数回民人家都是小作坊、小门脸、小业主，离不开“回回手中两把刀，一把卖羊肉一把卖切糕”的俗例与定数，即泛指许多人以经营羊肉铺和制作北京小吃为主业。

在穆斯林的生活习俗中，以良好的卫生习惯著称于世。回汉两教的人们对回民制作的小吃食品都有一种心理上的安全感，加之其经营成本较低，因此饮食行业是回民相对比较集中的一个领域，一些著名的品牌也应运而生，比如“切糕冯”、“馒头杨”、“爆肚满”等。

老北京人称羊肉铺为“羊肉床子”，有些本钱的回民才有能力经营此业。京城“羊肉床子”的业务颇为兴旺，除了斤两精准、分类精细、选料精良外，更离不开回民的经营头脑。“羊肉床子”一般都离“大杠”（汉民经营的猪肉铺）不远，因为回民买主毕竟是少数，销售对象还是要照顾到汉民买主。“羊肉床子”外多放一条凳，示意汉民买主将回民的禁忌之物置于凳上，不可贴近。

马永祥和他的几个儿子都曾从事勤行（餐饮业），后积攒了些银两开了一所茶馆。马永祥去世后由其长子马西园负责继续经营。马连良的父亲马西园经营的茶馆名为“长顺馆”，因长顺馆位于阜成门箭楼对面，老板姓马，茶馆也俗称“门马茶馆”，人称这个马氏家族为“门马家”。

马连良父亲马西园与马连良五子马建（崇智）

老北京阜成门箭楼

清末时京城茶馆十分普及，在其中喝茶、下棋、谈天说地，为广大百姓日常休闲的主要场所。茶馆同时兼有“写字儿”的功能，即人们多在此处谈买卖、订合同、立字据，是公认的临时办公地点。

京城的茶馆分为几类，一种叫“江南茶社”，以品茶为主，代售红炉点心，以大铜壶为标志。著名的茶社有外城的“天全”、“裕顺”、“高明远”，后门的“天汇”、“同和”、“广泰”；另一种称“二荤铺”，主要位于前门大街两侧，代售盐水焖炉、蜂糕、肉馒头等。而“天汇”对面的“广庆轩”、天桥附近的“福海居”则以每天下午至晚上有著名的评书艺人在此表演而闻名，谓之“书茶馆”。

马西园是虔诚的穆斯林，他所经营的茶馆自然与上述几种不同。由于当时京剧风靡京城，上至王公贵族下至贩夫走卒，每天皆沉醉二黄西皮之中。于是马西园生财有道，用尽积蓄购入一台当时俗称“话匣子”的留声机，用每日播放京剧唱片来聚拢人气。不料这一招开城西茶馆业之先河，“门马茶馆”逐渐人满为患，“话匣子”卖满堂的消息不胫而走。阜成门一带没有不知道“门马茶馆”的，而它的大号“长顺馆”却渐渐被人淡忘了。年幼的马连良就在这样一种京剧的艺术氛围熏陶下渐渐长大。

马西园为了保持“门马茶馆”良好的发展势头，在茶馆中又增设了“清音桌”。让热爱京剧的戏迷票友们不但能在这里欣赏名家唱片，同时还能自娱自乐。不论身份的贵贱高低，有钱没钱，都能在这里大唱特唱。只要丝弦一响，大家都是平等相待的朋友。是京剧艺术打消了身份的界限，拉近了人们的关系。

有一位在旗的先生名叫书子元，出身高贵，是常来茶馆消遣的名流。来时声势浩大前呼后拥，走时骡车迎接人声鼎沸。特别是书爷上车时的架势非常好看，他总是让车子先跑起来，然后向送别的人们一拱手，左手撩衣襟下摆，右手一撑车辕，蹿身上车，煞是边式漂亮，街上的人都爱看他上车的姿态。

不久，“门马茶馆”就演变成阜成门一带著名的票房之一。此地能够上台的票友必须先在“门马茶馆”立住脚，然后再上“阜成园”彩唱，最后才入南城的戏园子。若干年后，书子元家道中落，铁杆儿庄稼倒了，无以为生。马西园为了报当年相助之恩，请他在儿子马连良的戏班中唱前戏。

当时著名的京剧演员刘鸿声、金秀山、德珺如等也时常光顾，在“门马茶馆”里一展歌喉，马西园也逐渐地与京剧界的艺人们交上了朋友。由于对京剧的热爱与痴迷，马西园的兄弟们逐渐从低声吟唱过渡到引吭高歌。其中马西园的三弟马昆山以唱老生戏最为著名，但最初在票友当中并未引起什么特别的注意。

一日，几位专业的京剧艺人来到茶馆消遣，半开玩笑半认真地对马西园说：“马老板，平常您没事净听我们的了，今儿您也来一段吧，我们傍着您。”马西园顿时浑身不自在，连忙推却地说：“不行不行，我可不行，要不让我们老三唱吧，烦几位爷您给多托着点儿。”于是，马昆山落落大方、直工直令地唱了一段《摘缨会》。平时票友们在一起切磋，没人考虑过马昆山的艺术达到了何种境界。可这实大声洪高亢入云的声音一传入专业演员的耳朵里，立马被听出了个眉眼高低。等马崑山的唱腔落下之后，几位艺人不禁连连赞叹。有人干脆说了一句：“马老板，您兄弟有这样的嗓子不下海，好好的人才可就淹浸了！”马西园与马崑山顿时有点一头雾水，心想唱得有这么好吗？可看人家讲话的样子又不像开玩笑，就问：“您别太捧了，真能吃唱戏这碗饭？”对方的回答斩钉截铁：“稍加归置就行，不逗哏。”

马西园知道，如果自己的兄弟真正下海唱了戏，不要说将来成角儿，就是能混个二三路的活儿，收入就比干勤行、开茶馆强得多。但马氏兄弟们的心里也有难处，不敢贸然行事。在清末时代，汉族人甚至个别满族人放弃票友的身份而下海成为专业艺人的大有人在，可回族人从事表演艺术的可谓寥寥无几。

这与他们的宗教信仰不无关系。虽然伊斯兰教传入中国已有逾千年的历史，伴随着宗教的传入，伊斯兰教的文化艺术也在穆斯林当中广为流布。其中如音乐、浮雕、书法等艺术形式均与中原文化相融合，使之极具中国特色，让伊斯兰艺术在中国的大地上得到了进一步的发展。但这些艺术形式毕竟都与宗教有关，都是为了进一步宣扬伊斯兰教。而京剧艺术这种纯中原文化的产物，就与伊斯兰教浑然不搭界了。京剧艺人在舞台上均要粉墨登场，台下还要顶

《忠孝全》德珺如饰秦季龙（左），金秀山饰王振（中），韦久峰饰秦洪，他们都是“门马茶馆”的常客

1905年马崑山等灌制的《搜孤救孤》唱片片心

礼膜拜老郎神、翼宿星君等各路神仙，回民们认为这些都是伤害“伊玛尼”的事情，即有伤于宗教信仰，不能干。

好在这一时期西风东渐，中国人的思维方式也逐渐松动开放，马西园等几兄弟有了想让老三马崑山下海唱戏的想法。但北京的老亲戚多，老回民们的习惯势力也大，就凭马氏几兄弟的实力是顶不住他们的压力的。于是有京剧界的朋友给支了个高招，介绍马崑山到上海去下海当京剧演员，这样既避开了他人的指摘，又可以为马家走出一条生路。

马崑山到达上海不久就搭上了班，在当地的戏院中应工二路老生，并且很快就站稳了脚跟。后来干脆让北京的其他几个兄弟放弃了一向从事的勤行职业，都在上海下了海。马西园的四弟马振东工青衣，六弟马沛霖工丑行。其中三弟马崑山成就最高，工奎派老生，以唱“王帽戏”享名，目前尚有其1905年灌制的《搜孤救孤》等老唱片存世。他培养的两个儿子均以工马派老生闻名，长子马最良享誉西北；次子马宏良独步河南，是他的马派诸葛亮震动了越调名家申凤梅，令申多年后终于拜在马连良门下。这些都是后话了。

马崑山与其子马最良

马连良在家行三，乳名叫“三赏儿”，意思是真主赏赐给马家的第三个儿子。其长兄早殇，二哥马春轩被三叔马崑山带到南方学艺，工小生，还拉得一手好胡琴，深得三叔的喜爱。人人都说三赏儿长得眉清目秀，嗓子又好，准是学戏的好材料，可母亲满氏却不同意。

在满氏的传统观念中，唱戏毕竟是贱业，就是让孩子去烙烧饼，也不能唱戏。老北京有句口头禅：“好人不当兵，好铁不打钉，小孩不能烙烧饼。”就是说，如果让小孩去学徒烙烧饼，从事的就是最低级的职业，如同做钉子的废铁一般，将来就不会有什么出息了。满氏以为三赏儿聪明好学，自然希望儿子能走读书成才的道路。

京城的回民如同中国其他地区广大的穆斯林一样，都过着“大分散、小聚居”的生活。即分散在京城各地，聚居于清真寺周边地区。马连良的家位于阜成门外，其父马西园时常到三里河的清真永寿寺做礼拜。在马连良六七岁时，被父亲送入清真寺上学。主要是学习“经学”，即学习伊斯兰教的基本宗教知识，以及初级阿拉伯语和一些经堂语。

马连良父亲马西园与母亲满氏

回族与中国其他信奉伊斯兰教的少数民族不同，没有自己的语言和文字，主要使用汉语作为交流工具。而回族之所以能够在语言上区别于汉族，主要是在日常的语言中使用一种独特的语言——经堂语。经堂语由阿拉伯语、波斯语、汉语构成，其书写、发音与汉语相同，与汉语不同之处在于使用原来语言的音译。比如由汉语构成的经堂语“知感”，即汉语“感恩”之意；“无常了”，即汉语的“去世”之意。

马西园对宗教的信仰极为虔诚，对回民的公益事业极其热心。他知道，回族的教育事业十分落后，满清当局执行的是“愚民政策”，也不愿意对少数民族的发展做过多的投入。为了让更多的回民子弟接受教育，马西园投入了毕生的心血。由于自身的学识和生活的压力，马西园为未能成为一名阿訇而时常感到遗憾。他把自己的希望寄托在儿子三赏儿的身上，希望儿子将来成为一名宗教人士，为广大教胞服务。

北京三里河清真永寿寺

马连良母亲满氏与马连良三女马力（莉莉）

马连良心中的理想却与父亲大相径庭。由于在“门马茶馆”中耳濡目染，马连良对京剧的喜爱程度可想而知。他每天去三里河清真寺上学的路上必然经过“阜成园”戏楼，时常被那里的锣鼓声所吸引。一日终于忍无可忍，偷偷地逃学去看了有生以来第一次大戏，是宝胜和班所演的《战太平》、《因果报》、《云罗山》，可谓“皮黄梆子两下锅”，不但过足了戏瘾，而且仿佛被舞台上的艺术摄去了魂魄，从此对京剧的热爱一发而不可收。

喜连成连字辈大合影，一排右起第三人为马连良

随着时光的推移，门马茶馆的生意也不像当初“话匣子卖满堂”的时代了，开始走下坡路，马家的生活也随之每况愈下。马连良是否还能继续在家吃闲饭，已经是需要立即解决的问题。马连良从小心重，知道家中有难处，自己应该力所能及地分担一部分。他想到三伯马昆山在上海靠唱戏站住了脚，兄长马春樵、马春轩等在南方学戏都小有成绩，学戏除了能增长本事外还能解决吃饭问题，加之自己对京剧有无比的热爱，于是主动与父亲说：“我要唱戏！”

马西园夫妇认为马连良自幼聪明伶俐，如果加上后天的努力定能学业有成，将来为马门耀祖光宗改换门庭。另外，马西园有许多艺人朋友，他对小孩学艺的门道了如指掌。学戏的另一个名称就是“打戏”，时常听说有些孩子因无法承受“打戏”带来的伤痛而逃跑，逃跑后又走投无路至冻饿而死。马西园心疼三赏儿，不愿意送儿子去学戏。

后来满氏又有了女儿慧敏，以及后来的幼子连贵，家道日趋艰难。看到三赏儿又是那么地痴迷京剧，才不得不同意让他到香厂胡同樊顺福先生家学艺。樊先生是唱花脸的出身，也能教老生戏。与马连良同学的有名伶马德成的弟弟马武成。一天，樊的儿子偷了钱，以为是学生们偷的，于是樊先生海骂不休。马西园知道此事后立即决定让三赏儿离开樊家，他要给儿子找一个好师父。

叶春善（左一）与萧长华（左二），富连成的两大核心人物

被先生扫地出门

1909年正月十五，经梨园中人张子潜先生介绍，马西园带着儿子三赏儿来到大栅栏的广德楼戏院，见到了著名科班喜连成（后更名富连成）的社长叶春善。叶先生上下打量了孩子几眼，用双手从肩膀拍打到小腿肚，说了句："这孩子长得不错，让他先学武生，看看成不成！"就是叶春善这不到十秒钟的端详与拍打，注定了马连良为之奋斗一生的京剧艺术生涯。

从此，马家的三赏儿就算正式进入了喜连成科班，拜叶春善先生为师，排"连"字辈。由总教习萧长华先生起名"连良"，字"温如"。萧先生慧眼识人，他把"温良恭俭让"的道德理念寄托在这个八岁的孩子身上。而马连良也果然名如其人，一直信守着老师的嘱托，并将这一理念融入到自己的性格之中。

入科之后，由茹莱卿先生开蒙，学武小生戏。先学《探庄》中的石秀，再学《蜈蚣岭》中的武松、《淮安府》中的贺仁杰，打下武功基础。学戏半年后，马连良于广和楼首次登台，演出《大赐福》中的张仙。再次登台时，演《大神州》中的一个上手。

在科班除了扮演自己本工戏外，还要兼演其他行当。当时科班还唱“梆子”戏，一次，让马连良在《取洛阳》里演刘秀，唱小生。在演到马武得胜还朝时，刘秀唱“有小王嗳……”。由于马连良起唱的调门不高，伴奏的弦音较高，于是老师在后面提醒了一句，调门再高点儿。马连良在台上一愣，紧张地又唱了一句“有小王嗳……”，台前台后顿时哄堂大笑，这件事在师兄弟中成为笑谈。

马连良还曾饰演过老旦角色，以《金水桥》、《朱砂痣》最为拿手。在《五人义》中饰演小花脸应工的王节；武戏中演过《小天宫》里的造化仙；扫边老生演过《殷家堡》、《落马湖》里的王殿臣。基本上都是些比龙套强一点儿的角色，科班暂时没有要把他当角儿来培养的意思。但马连良对科班里的安排从不介意，就是让他来个龙套也特别乐意，他反而认为龙套是最近距离学戏的大好机会，老师即使不让他演主角，他也会唱了。

马连良学起戏来有些大智若愚，比一般的孩子慢了许多。当时的老师先生都信奉“不打不成材”这一理念，科班里的学生们经常被先生戒尺相加。打手板是比较轻的惩罚，有一种打法叫“两面焦”，即手心朝上，手背紧贴桌面，戒方打在手心上，手心手背会被同时打伤。当有些学生在唱念方面总不能让先生满意时，最残忍的惩罚是用戒方直接插入嘴中不断搅动，使口腔内严重受伤。

马连良越被打学得越慢，越慢越被打，简直是痛不欲生受尽磨难。有位先生给他说了几遍念白总是学不会，不但没有抑扬顿挫，而且还“一嘟噜一块儿”的，于是对马连良失去了耐心。又见马连良不是门里（梨园行）出身，没有什么靠山，就对马连良说：“就你这种学法，多早晚才能吃上蹦虾仁（成角儿之意）啊？我看是祖师爷不赏你这碗饭，还是早点儿卷铺盖走人吧！”

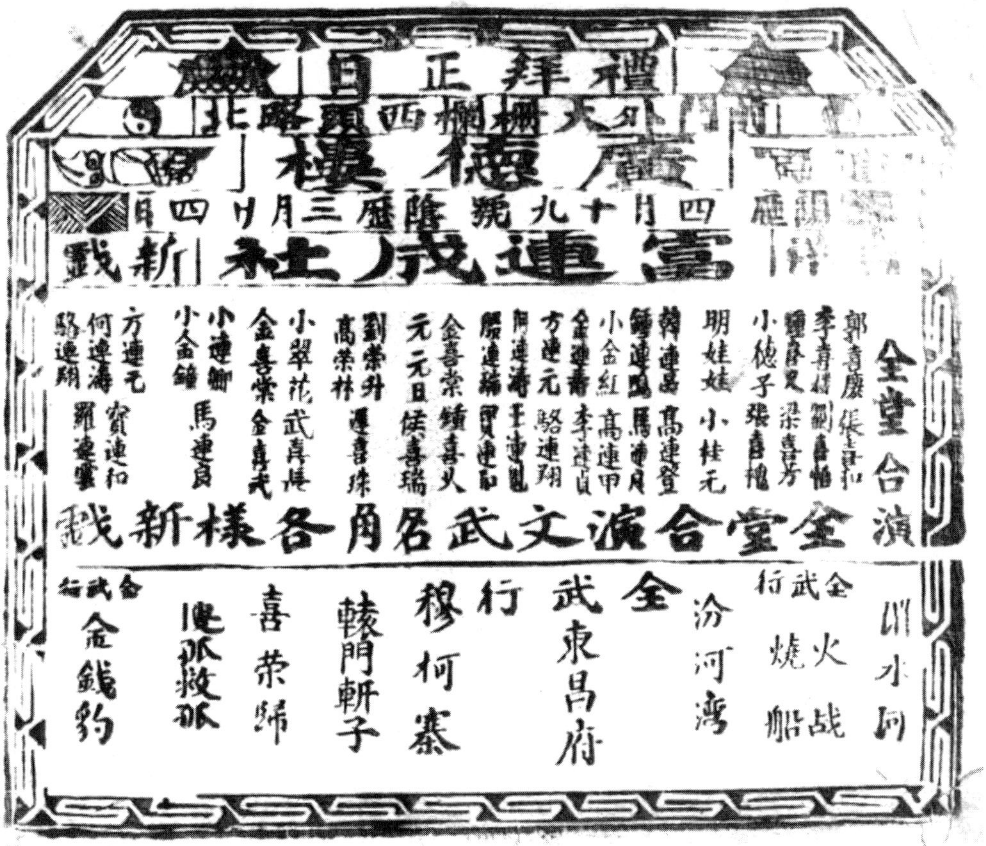
禮拜正日

前門外大柵欄西頭路北

廣德樓

四月十九號陰曆三月廿四日

富連成社 新戲

全堂合演文武名角各樣新戲

火燒戰船 全武行

汾河灣

東昌府 全武行

穆柯寨

轅門斬子

喜榮歸

搜孤救孤

金錢豹 全武行

1914年富连成演出戏单，马连良演《东昌府》、《搜孤救孤》。从排名的位置可以看出，马连良当时在科班里应二路老生等配角

这位先生的话深深地刺激了幼小的马连良，他本想通过学戏减轻家里的负担，将来早日成名奉养双亲。想不到半途而废，被先生扫地出门。自己热爱京剧的心情不能被人理解，于是心有不甘，流着两行热泪，一步三回头地走向了科班的大门。这时，在科班任教的著名丑角演员郭春山正好来到，见马连良哭得委屈就顿起怜悯之心，说道：“这孩子这么规矩、老实，多仁义呀，别让他走啊！”若没有郭先生的这句话，我国京剧艺术史上就少了一位里程碑式的大师。多年以后，郭春山年迈无以为继。马连良为了报答老人家当年的恩情，一直在没有郭先生演出的时候也给他开戏份儿。

孩子要是挺过来，将来您还得栽培他。

坐科之苦，世人皆知。自每日早上六点上晨课，主要是文吊嗓子，武练功，毯子功不分文、武，都要练。先压腿，耗腿，踢四门腿（正腿、旁腿、十字腿、月亮门腿）；然后耗顶（倒立），先生看着从一到一百，算一把顶，每天三把顶；随后下腰、翻跟头、虎跳、吊毛、抢背……经早餐、上馆子（戏院）、演戏、回学堂、晚饭、夜课，到晚十点的夜寝，循环往复，天天如此。这对一个八九岁的小孩来说，是莫大的压力。

可能是那位欲将马连良扫地出门的先生使用了激将法，焕发出了马连良身上特有的回族人的坚忍执著秉性，于是在每日课余时经常练私功。为了表示要“在哪里跌倒，就在哪里爬起来”，马连良时常早早起床，用一个罐子对着口腔苦练念白。罐子可以反射声音让自己听见，同时也不影响他人休息。像《四进士》、《失印救火》等以念白为主的剧目，被马连良练得滚瓜烂熟。成名之后，这些剧目之所以任何人都唱不过马连良，皆因其幼功深厚使然。

由于课业繁重，科里伙食营养跟不上，加之马连良心气高、学习刻苦，身体日渐消瘦。父亲马西园看到儿子如此辛苦，就在手头略为宽裕的时候，给马连良做点儿好吃食送到科班。一天傍晚，马西园拎着一罐热气腾腾的饺子前往喜连成，正在一条胡同走着，突然听到后面一阵乱枪声响，把马西园吓得魂飞魄散，连忙躲进一家的门洞里，饺子、罐子撒落一地。后来听说这叫“鼎革之变”，皇上退位，将来改大总统了。当时中国的大环境正如孙中山所言，“民智需开启，国力需唤醒”，国人对时局与政治还不懂得如何关心。

这改朝换代对京城的平民百姓的生活来说，的确也没有什么实质的影响。马西园只盼望儿子能够身心健康、学艺有成，过上太平的日子。一天晨课的时候，马连良突然口吐白沫栽倒在地上，不省人事。科班赶快通知家长，马西园知道科班不是慈善机构，入科时签字的“关书”中也定明“天灾病疾、各由天命”，于是对叶春善说了句：“孩子要是挺过来，将来您还得栽培他！”然后抱起奄奄一息的儿子，冲出了科班的大门。

《南天门》谭鑫培饰曹福，王瑶卿饰曹玉莲（左）

马连良在家高烧了一个礼拜，在父母的精心呵护之下，经过了近一个月的休养，终于得以康复。再次回到科班以后，叶春善先生被马西园父子当时的行为所感动，同时觉得马连良不简单。一般的孩子高烧一个礼拜，不是挺不住，就是嗓子烧坏了，他愣没事儿。认为祖师爷果然赏这孩子戏饭，于是决定好好栽培马连良。

首先让他跟从萧长华、蔡荣贵先生学老生，同时兼演其他角色，还是从最基础学起，从配角学起。在《金燕桥》中，他第一次饰演诸葛亮。萧长华先生见马连良扮相潇洒，身上干净，念白有底气，认为这孩子是演做工戏的好材料，将来可以多给他说说这方面的戏。

不久，伶界大王谭鑫培在文明茶园演出《朱砂痣》，为其配演的有陈德霖、贾洪林、谢宝云等名家，科班派马连良为谭配演“天赐”这一角色。在这次难得的大好机会中，马连良被前辈艺术家的魅力所征服。特别是谭鑫培的唱腔，贾洪林的做表，给他留下了深深的记忆。在以后的舞台实践中，情不自禁地向前辈的艺术靠拢。

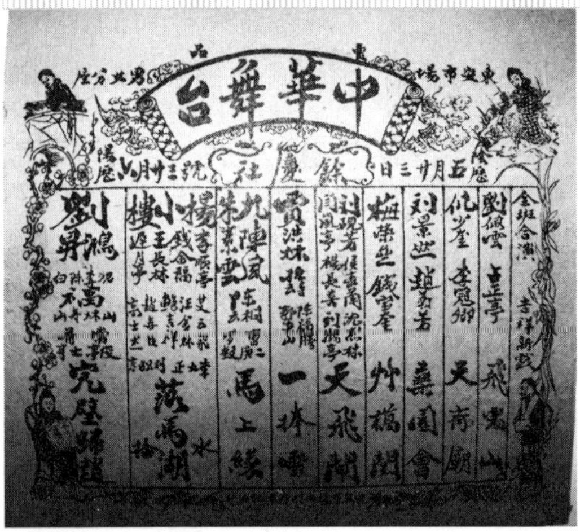

贾洪林演出《一捧雪》戏单

贾洪林
马连良最崇拜的偶像，他的《盗宗卷》、《一捧雪》、《马义救主》等做工戏均汲取了贾先生的艺术精华

为了进一步观摩谭鑫培的艺术，马连良时常打听谭的演出信息。1915年的一天，谭鑫培在怀仁堂演堂会，富连成科班在堂会里负责跑龙套。马连良主动要求给他派一个龙套，这样他在台上可以仔细地观看谭的表情。

对贾洪林艺术的追摹，更是如痴如醉。贾先生是谭老的学生，乳名“狗子”，本身有着良好的谭派根基。加之性情敏悟，潜心钻研，年轻时已蜚声剧坛。一直为谭鑫培配演，是谭老身边不可缺少的人物。后因中年败嗓，于是向做表方面发展，为著名的“硬里子”。请他配戏时，主演在台上略有懈怠或功力稍逊一筹，马上即被贾洪林的风头盖过，主角儿在台上顿觉无色，这一点连谭鑫培都惧他三分。有人想请谭露演《四进士》，如谭演这出戏，则“毛朋”是主角，“宋士杰”次之。谭知道贾洪林的“宋士杰”风头很劲，于是说：“这是狗子的戏，我不唱。”马连良在科班里以模仿贾洪林成名，人称“小贾狗子”。1916年春，在叶春善师父的支持下，马连良终于如愿以偿地拜在了贾洪林先生的门下。

一天，科班安排高百岁唱《斩黄袍》，给马连良派了个苗顺。苗顺在被罢黜后原本唱四句［摇板］，“龙书案下三叩首，好似鳌鱼脱钓钩，官诰压在龙书案，这是我为官下场头”。马连良觉得这样唱着不过瘾，就把第一句“龙书案下三叩首”改唱［散板］，其余的改唱［流水］，并自作主张修改了唱词，“好似鳌鱼脱钓钩，罢罢罢，休休休，得自由来且自由，早知为官不长久，且去深山把道修”。在“且去深山”后加入拂袖、抖髯口等做工，于“把道修”的拖腔中翻水袖下场。观众顿觉好听、新颖，彩声不断。

马连良的这一“造魔”行动不仅没有受到先生们的指责，而且萧长华、蔡荣贵从此对马连良另眼相看，认为他有创作能力，这在一般的学生中是非常难得的。于是开始为他排演老生正工戏，后常以《汾河湾》、《雍凉关》等剧位列压轴，逐渐过渡到老生主演，成为科里的台柱子。从扮演龙套、上下手，到饰演零碎活、扫边老生、二路老生，再到出演老生正戏成为主角，马连良在富连成内乐此不疲地跋涉了整整六个春秋。

《一捧雪》马连良饰莫成

《盗宗卷》马连良饰张苍，曹连孝饰陈平（左）

1916年，对于马连良来说是终生难忘的一年。这年富连成科班决定重排连台本戏《三国志》，由于该戏内容气势磅礴、波澜壮阔，是一出“戏保人”的优秀剧目。戏中需要的人太多，而且只有萧长华先生有该剧的“秘本”，其他科班只能望尘莫及，即使想排该剧也没有这个能力。使《三国志》成为富连成的看家剧目，每帖必满。总教习萧长华让马连良饰演诸葛亮，无疑是力捧自己的学生。

在此之前萧先生已经给马连良说过多出以念白、做工为主的戏，其中《舌战群儒》令萧先生最为满意，觉得马连良的诸葛亮气势夺人，行话谓之“压台”。加之马连良的念白功力浑然天成、响堂打远，已大大超越同侪，所以让马来担任这一角色最为合适。

另外，以前的《三国志》中，在表现诸葛亮祭东风的“祭风坛”一折是过场戏，萧先生认为力度不够。考虑到“借东风”是全剧两军胜负的关键，应该添加唱段，在这次演出中使之更加丰富、完善、突出。鉴于马连良平日演出《雍凉关》时所唱的一套二黄很有表现力，于是把《雍凉关》的唱腔加以改编，重新填词，完成了一段全新的《借东风》唱腔，由马连良首演并获得了极大的成功。

《借东风》马连良饰诸葛亮（上世纪30年代造型）

《借东风》让马连良一炮而红，成为真正的“科里红”。这对于一个只有十五岁的少年来说，的确有些突如其来、猝不及防。《借东风》首演的成功基本归结于三个方面。第一，唱腔改编得准确得当、脍炙人口，将诸葛亮在祭风坛上的心情进行了淋漓尽致的宣泄；第二，剧情的需要，萧长华等老前辈对艺术的把握精到准确；第三，马连良个人的艺术魅力。《富连成三十年史》作者唐伯弢称：“连良以相貌清癯，扮孔明戏最称上选，飘洒儒雅，恍如孔明复生。”

《借东风》马连良饰诸葛亮（各年代不同造型）

《借东风》后来又成了他毕生的第一代表作，是其后天不断努力的结果，对于少年得志的马连良来说应是浑然不知的。他一生当中对自己的首本代表作《借东风》修改过多次，其结果是越改越好。比如［二黄导板］的第一句唱词，至今有证可考的版本就有五个之多。除了1959年《赤壁之战》的新词“天堑上风云会虎跃龙骧”，其他四个版本分别是“先天数玄妙法犹如反掌”（1922年百代唱片版、1938年国乐唱片版）、“习天书玄妙法犹如反掌”（1949年香港电影版）、“识天文习兵法犹如反掌”（1956年北京电影版）及“习天书学兵法犹如反掌”（1962年《马连良演出剧本选集》）。从后四种版本中明显可以看出，马连良改词的目的是为了除却附着在诸葛亮身上的“妖魔化”，使之更加人性化、智慧化，让诸葛亮真正地走下了神坛。

到“帘外”去闯荡

《失空斩》马连良饰诸葛亮

又经过了一年的效力，马连良终于迎来了毕业的一天。1917年二月初九，叶春善师父把马连良、李连贞、赵连华、宴连功、赵连成、陈连洪、高连峰、李连英等八名弟子叫到自己身边，郑重地对他们说：“你们八个今天正式满师出科了，愿意继续留下来为科班效力的，明儿个开始拿戏份儿；愿意出去闯练的，现在就可以走人了。”八人当中只有一人在出科后不久离开了培养他成才的富连成科班，此人就是马连良。

三叔马崑山在马连良出科之前就为侄子谋划了日后的发展轨迹。他分析，马连良虽然是“科里红”的尖子生，但毕竟还是不能通大路的学生，与京城中真正的角儿相比，艺术上还相差甚远。所谓“不能通大路”是指在科班所学的艺术，与社会上舞台所表现的形式与内容有所不同。马家既无钱财请老师给马连良重新“下挂”，又无银两给他置办两身像样的行头，更无梨园中过硬的关系。凭这“三无”的条件，想要在北京城里搭上大班唱戏，真应了“搭班如投胎”这句话，太难了。因此，马崑山认为只有让马连良走出北京城，到“帘外”（京城以外）去闯荡几年，才能达到既增加了演出实践，又锻炼了人的目的。

这时，马崑山本人在福建组班演出，于是力邀大哥马西园带着马连良火速南下。他的戏班中有旦角陈碧云，老旦邓丽峰，让马连良任老生主演，当时班中还有马连良的二哥马春轩、堂兄马春樵等马家亲眷。到达福州后于东街的“三座山”戏院首演，马连良的打炮戏为《失空斩》。演出大受欢迎，马连良从此跟随三叔的“马家班”在福州站稳了脚跟。

1918年马连良与父亲马西园、堂兄马春樵于福州

“马家班”在东南一带演出了近一年，马连良的“变声期”开始了，行话叫“倒仓”。如同把粮食从一个仓库倒入另一个仓库。倒好了，圆圆满满，恢复一条好嗓子；倒不好，可能只剩下半条嗓子，正戏唱不了，成角儿就更没指望了；还有一种可能，就是根本没倒过来，唱戏这碗饭恐怕就吃不成了。福州的银行家刘崇伦先生是一位老顾曲家，通过对马连良艺术的观察，发现这个小伙子非池中之物，将来必能成大器。如果在“倒仓”期间不好好保护嗓子，一个未来的好角儿可能就会毁于一旦。他知道，马连良在这样的情形下继续演出是迫于生计没有办法。于是他主动提出要无偿赠与一笔路费盘缠，赞助马连良回京。希望他能够一边养嗓子，一边进一步学戏，为将来成角儿做准备。

马连良深情地拜别了刘老先生，与父亲一道离开福建前往上海。马连良的三叔马崑山曾在上海搭班唱戏，有许多业内的朋友。有人建议马连良不必马上回京，可在上海先“借台唱戏”，如果“台底下”认可，说不定就能名利双收。到底是回京继续深造，还是留在上海唱戏，马连良自己也没了主意。于是，马家父子抱着“走着瞧”的心态暂留上海。

刚刚步入社会不久的马连良

上海最难唱的园子是“亦舞台”，外埠来的伶人若是过了这一关，才能称得上是角儿。马连良当时还是一名没有知名度的青年艺人，老板允许唱“前三出”开场戏已是相当看得上了。马连良每天唱戏时都发现有一位老先生时常盘桓于后台，并对自己非常留意，看完戏后就在后台与人闲谈，马连良向人打听他的名姓，竟没人知道。

一天，老先生终于走向马连良，先是鼓励地说了几声“不错、不错”，然后问了问马的背景，用试探性的口吻说，刚才你在“斩谡”里有个搂髯口的身段，是不是有点像“老褚彪”，武气太浓，与诸葛亮的身份不合。你琢磨琢磨。

马连良听后顿觉豁然开朗，连忙向老先生道谢，并问先生尊姓大名。老爷子指了指脑后的小辫说，人家都叫我“小辫儿王”。此后，“小辫儿王”又进行了多次提点，马连良深感上海滩卧虎藏龙，真是能人背后有能人。台上一点儿也马虎不得，这里的戏可是太难唱了。他向同在“亦舞台”唱老生的朋友孙柏龄提及此事，孙说：“师哥，他看得起你，才给你提哪。”

《四郎探母》马连良饰杨延辉

马连良懂得了天外有天的道理，从此愈发的勤奋好学。而且见好就学，没有身份之分、门户之见。即便是几十年后已是享誉菊坛的大师级人物，他仍然保持着这一本色。1952年冬，马连良率领剧团来到东北演出，在佳木斯遇到了一位多年未见的老师哥周喜如。马连良喜出望外，当着许多同事及学生的面对周说：“师哥，您的六合刀可是真传，您再给我说说吧。”周不解地说：“贤弟，你都多大的腕儿了，还用我说？”马说：“《翠屏山》我多年没演了，您就给我好好说说吧，咱可不能让它失传了。”周喜如见马连良满面至诚心中高兴，一套“六合刀”舞动得风雨不透，这都是后话。

一天，马连良唱《辕门斩子》，孙柏龄的大轴《失空斩》。马从导板“忽听得老娘亲来到帐外”开始，到“哭啼啼泪滚滚哭进帐来”，一大段西皮唱腔非常圆满。自己正在得意之时，竟忘了本身是个“倒仓”之人，紧接着后面的一句应该用［嘎调］唱“叫焦赞将宝剑悬挂帐外”，没想到在台上突然就哑然无声了，一场《辕门斩子》只好草草收场。

马连良知道今天是唱砸了，他也终于明白了好的艺术凭的就是脚踏实地的真功夫，绝不能幻想投机取巧，更不能抱有任何侥幸心理。几天来一直在脑海中考虑的去留问题终于有了明确的答案，他决定马上回京深造。好在目前自己在上海的知名度不高，大不了被老板冲冲台毯罢了（旧剧场有水冲台毯去晦气的习俗）。如果继续唱下去，“黑”在上海，以后恐怕就会永远地失去这个大“码头”。想到此，马连良毅然决然地卷起来“靴包”，对孙柏龄拱了拱手说：“师弟，咱们来日方长！”不日，马家父子离开上海经武汉回到了离别一年多的北京。

《三字经》马连良饰罗英

回京后的头一件大事就是前往富连成科班，去给师父叶春善，业师萧长华、蔡荣贵请安。叶师父听马连良把福州、杭州、上海、武汉等地的见闻叙述之后，知道弟子一年多来增长了见识，历练了技艺，很是为他高兴。马连良不失时机地提出了自己的要求：“师父，我想再回科班跟您学戏。”

马连良对自己目前的状况进行了十分透彻的分析。第一，南方之行让他见到了真正的角儿，和人家相比，自己的技艺还相差太远，需要进一步提高；第二，目前嗓子正在“倒仓”，想多学些以念白、做工为主的戏，这样既能保护嗓子，又能维持生计；第三，南方很时兴排演新戏，这恐怕是将来的方向。自己除了能主演一些老生为主的剧目外，对排戏的门道还不清楚，想在这方面下些工夫。叶春善听了徒弟的想法后心中大喜，知道马连良是个有心胸的人。自从他承办富连成以来，弟子们一批一批地不断出科，从未有过要求回炉的。这孩子是想“抱总讲”，将来必成大事，我一定成全他。

1918年中秋节后，马连良再次迈入了富连成的大门，跟随叶春善、萧长华、蔡荣贵等老师进一步深造。《失印救火》、《天雷报》、《三字经》、《九更天》等念白做工为主的剧目在这一时期经常上演。叶春善见到马连良后经常用一句话鼓励他：“苦练三年，走遍天下。”

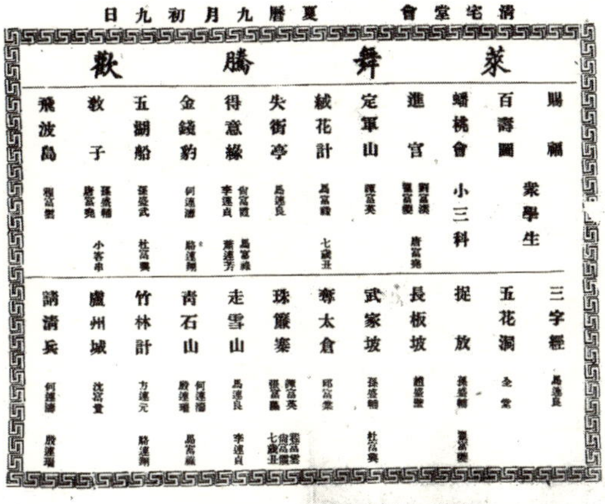
清宅堂會　夏曆九月初九日

萊舞騰歡

賜福　百壽圖　蟠桃會　進宮　定軍山　絨花計　失街亭　得意緣　金錢豹　五湖船　教子　飛波島

三字經 馬連良　五花洞　捉放　長板坡　武家坡　奪太倉　珠簾寨　走雪山　青石山　竹林計　盧州城　請清兵

1920年前后，马连良再次入富连成后于清宅演出堂会戏单，演《失街亭》、《三字经》、《走雪山》等剧

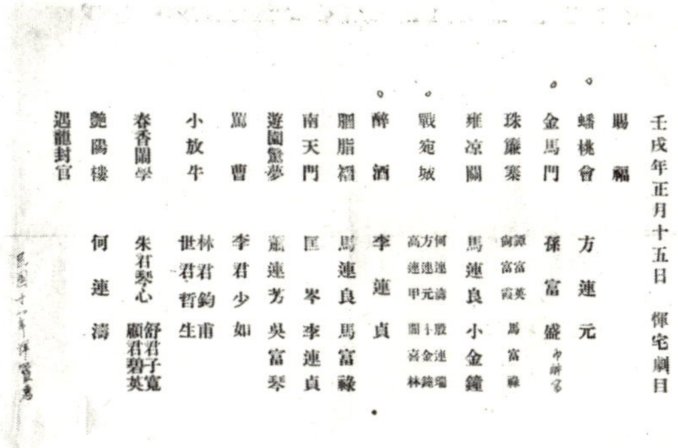
壬戌年正月十五日　惲宅劇目

賜福

蟠桃會　方連元

金馬門　孫富盛

珠簾寨

雍涼關　馬連良　小金鐘

戰宛城

醉酒　李連貞

胭脂褶　馬連良　馬富祿

南天門　李連貞

遊園驚夢　蕭連芳　吳富琴

罵曹　李君少如

小放牛　林君哲鈞

春香鬧學　朱君琴心　舒君子寬　顧君碧英

艷陽樓　何連濤

遇龍封官

1922年惲宅堂会戏单，马连良演《雍凉关》、《胭脂褶》

1921年底，马连良经过三年多的学习与实践，以能戏极多而闻名。在叶春善、萧长华等人的首肯后，结束了“回炉再造”，再一次满师出科，决定在京城里正式搭班唱戏。不久，一个机会给了这个有准备的人。

1922年初，荀慧生当时在上海与亦舞台长期合作，正处在大红大紫时期，荀希望在此期间全面展示自己的艺术才华。于是，上海亦舞台的邀角人来到北京，他们要为荀慧生约请一位老生搭档。首先要求此次邀请的老生必须是要与荀慧生功力匹敌；其次要求所会剧目必须广泛；最后要求必须参演南派新戏。因为上海观众喜欢新奇，“京朝派”的纯规范化式的演出，在上海没有长久市场。

1922年抵达上海后的马连良

当时在北京小有名气的角儿们，是不屑参与南派戏演出的。因为一旦落了个“海派”、“外江”的名声，是不为“京朝派”所接受的。马连良初生牛犊不怕虎，头脑中还没有那么多条条框框，正处在一个“无所谓派”的阶段，正是能够满足上述三个条件的最佳人选。

上海方面特别强调《贩马记》这出戏，问马连良能不能演李奇这个角色。在马连良满口应承后，邀角人才满意地松了一口气。《贩马记》又名《奇双会》，该剧来自徽班，是一出极有俏头的"吹腔"名剧，荀慧生早有上演此剧的念头。"写状"一折，青衣、小生并重；"哭监"一折，青衣、老生并重。本想约请王又宸饰演"哭监"中的李奇，但王不能饰演这一角色。虽然《申报》方面已经做出了宣传，因王缺席不得不往后推延。亦舞台这次决定约请马连良，与这出《贩马记》颇有些关系。

3月2日，马连良以"谭派须生"的头衔在上海亦舞台初露头角，上演打炮戏《琼林宴》。第二天，与荀慧生合演生旦"对儿戏"《南天门》。接着演出《珠帘寨》、《贩马记》等。几天下来，上海的观众都对这位北京来的青年老生大加赞叹。谭派，真有老谭的味儿，简直是老谭加蜜！打炮戏的成功非常不易，正所谓"唱得好新角打炮，唱不好炮打新角"，为日后的演出奠定了基础。但对于上海的剧评家、顾曲家来说，是不是真正的谭派，还要看马连良的《打渔杀家》。

《琼林宴》马连良饰范仲禹

《珠帘寨》马连良饰李克用

《打渔杀家》马连良饰萧恩

原来，不久前上海剧评界曾就萧恩脚底下穿什么鞋展开了一场激烈的辩论，谓之“鞋靴之争”。冯小隐一派认为该穿“鱼鳞靸鞋”，苏少卿一派认为该穿“薄底快靴”，双方都以当年谭鑫培的某次演出为依据。马连良初到上海，如果处理不慎，就会失去一些很有影响力的剧评家的支持。如何解决这个难题，一时让人束手无策。有些想看热闹的人半开玩笑地说道，只好一只脚穿靸鞋，一只脚穿快靴了，才能谁也不得罪。

3月8日，马连良首贴《打渔杀家》，客满牌高悬，不少观众是冲着萧恩的鞋来的。马连良却不慌不忙心中有数地开始了演出，行舟打鱼一场穿鞋，清早草堂时穿靴，既出人意料又合情合理，成功地化解了这一纷争。顿时引起了舆论界的极大兴趣，舒舍予在《申报》上发表《评马连良》一文，高度评价了马连良解决纷争的智慧头脑，为马的“两不偏袒，各得胜利”而喝彩，同时明确表示：“余意此剧萧恩，打鱼固当用鞋，而以后正不妨用靴耳！”

随后，马连良与荀慧生继续合作，演出《汾河湾》、《四进士》、《乌龙院》、《梅龙镇》等剧目共68场，受到上海观众热烈欢迎。亦舞台方面要求延期续演，包银也从八百元增至一千多元。此次上海之行为期四个月，其间又与沪上名家小杨月楼合作上演了南派剧目《对金瓶》、《石头人成亲》。6月30日，马连良临别纪念最后一场，贴演双出，前演《盗宗卷》，大轴与荀慧生合演《贩马记》，圆满而成功地结束了他的首次上海艺旅，可谓名利双收，一炮而红。增加了演出实践经验，开阔了眼界，丰富了阅历，提高了知名度。

1922年马连良灌制的第一套唱片的广告

由于上海的演出成功，回到北京后的马连良已是京剧界一颗冉冉升起的新星，身价陡然而增，艺术地位也大为提高。当时上海的“红生泰斗”三麻子（王鸿寿）来京献艺，演出《全本三国志》时特邀马连良扮演诸葛亮，广告中已称马连良为“新回第一老生”，对其有极大的抬举。天津潘馨航举办堂会，邀请马连良、梅兰芳合演《游龙戏凤》。1922年底，清逊帝溥仪大婚，在紫禁城演出三天，其中马连良与茹富兰演《借赵云》。对于这时年仅22岁的马连良来说，能够取得这样的成绩，无疑是极其骄人的。

1922年马连良与三麻子（王鸿寿）等演出《三国志》广告

马连良的成名给富连成带来了光荣。为了彰显爱徒的成绩并鼓舞士气，叶春善、萧长华等决定在富连成为马连良开一个“现场表彰大会”，让马连良受宠若惊。马连良给先生们请过安后，叶春善指着身边准备好的一把椅子对弟子说：“你坐这儿。”

自从1904年成立科班后，在叶春善社长的办公室里，只有一把椅子，是社长叶春善自己坐的。凡是进屋回事的，无论是老师还是学生，都是站着来站着去。当初也有人建议多放一些桌椅，叶社长说，说完事就该忙什么忙什么去，用不着坐着，也没必要给东家浪费钱。

马连良在一旁垂手侍立，毕恭毕敬、诚惶诚恐地说："我还是站着跟您说话吧，我哪能和您平起平坐啊。"叶春善坚定地说："我就是要让你的师弟们知道，只要好好唱戏，将来都成角儿，都能跟你一样！"富连成大院里的人越聚越多，有不认识马连良的，惊讶而感叹地说道："哎哟喂，这是哪位呀？愣有座儿！"叶春善心里痛快，马连良给我露脸，给富连成争气！

大家替马连良高兴之后，话题就自然转到今后的前途上来。萧长华先生语重心长地对马连良说："你还记得师父常对你说的话吗？苦练三年，走遍天下。后边还有一句哪，再练三年，寸步难行。才有点儿小名气可不算什么，要想成大角儿，三年以后可能才知道自己的路该怎么走。"

《四进士》马连良饰宋士杰

《扫松》马连良饰张广才

《失印救火》马连良饰白怀

第2部

壹玖贰叁～壹玖叁壹

别开天地

1923-1931

观众需要新的声音
老生需要新的流派
京剧需要新的力量
马连良则在这时代的大潮中独具慧眼
认准目标义无反顾地大胆进取在有机继承的同时发展了自己开创了一番新天地

自首次搭入大班玉华社后，马连良便与尚小云等结下了深厚的友谊，一直延续到终老。右起第四人至第七人为马连良、尚小云、谭小培、金少山，摄于上世纪四十年代

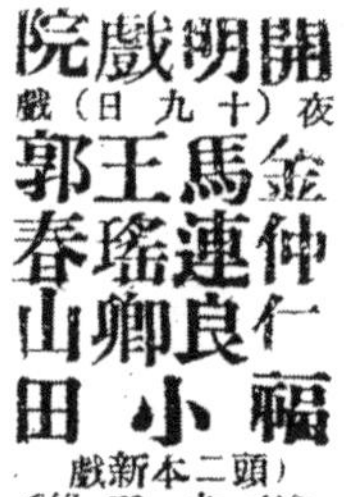

1923年马连良与王瑶卿、尚小云、谭小培等演出的广告

爷们儿。

你拿定了准主意呀。

根据“富社”先生们的意思，1922年底，马连良搭入大班玉华社。该社主演为双旦双生双净，即旦角王瑶卿、尚小云，老生谭小培、马连良，花脸李连仲、郝寿臣，还有小生名家朱素云等，这样人才济济的班社是当时京城里极其少有的。像《五彩舆》这种占人多的戏，许多班社均不能胜任，而马连良在这里则能一展才华。由他来饰演海瑞，王瑶卿饰冯连芬，李、郝二位花脸助演。马连良加入玉华社的目的，除了可以与尚小云唱“对儿戏”外，主要是为了能够向王、谭二位前辈学习谭派表演艺术。

《五彩舆》马连良饰海瑞

两位前辈对虚心好学的马连良倾囊相授，极尽提携之力。谭小培与马连良合演《双问樵闹府》、《战蒲关》，王瑶卿与马连良合演《珠帘寨》、《五彩舆》等。一次，安排四位主演合演《双庆顶珠》，马连良前萧恩，尚小云前桂英；谭小培后萧恩，王瑶卿后桂英。马连良知道王瑶卿以前陪谭鑫培唱过这出戏，他们二人的表演有许多过人之处，老谭先生过世后王瑶卿就不常露演了。马连良心想如能与王同台，既能学到东西，又是自己的荣幸。于是希望与谭小培对调，又怕谭先生不愿意。谭明白马连良的心思，对他说：“爷们儿，你拿定了准主意呀！”这是对马的特别关照。

与王瑶卿同台后，果然获益良多。王瑶卿根据马连良的实际状况，也希望他能够走贾洪林的戏路。为了提携后辈，除了向马连良传授谭派技艺外，还与马连良合演他的拿手好戏《北国奇缘》（又名《万里缘》）。该剧表现苏武与胡阿云的爱情故事，当时该剧以胡阿云为主角。并把自己的秘本给了马连良，他认为马连良更适合演这出戏。多年以后，马连良把该戏加工改编成以苏武为主角的剧目，形成了一出极具代表性的马派名剧《苏武牧羊》。

《问樵闹府》马连良饰范仲禹，马富禄饰樵夫

《苏武牧羊》马连良饰苏武

《审头》马连良饰陆炳

《珠帘寨》马连良饰李克用

在唱腔方面，马连良主要学习观摩孙菊仙、王凤卿、时慧宝、余叔岩、王又宸等名家的演唱方法，取其精华，拿来我用。怕人家说自己“捋叶子”，马连良时常揣上一个馒头，早早地在戏园子里猫起来，观看他们的演出。由于嗓音尚在恢复之中，于是在念白做工方面更加侧重。以贾洪林先生的风格为基调，兼学刘景然、刘春喜。马连良认为，贾先生在梅兰芳排演的《一缕麻》、《孽海波澜》等新戏中，念白炽烈，情感丰富，博得内外行的一致好评，说明他能突破传统，迎合时代。刘景然在“三审”（《审头》、《审刺客》、《审潘洪》）这类戏中，老吏断狱、斩钉截铁，主要学他的“苍”劲儿。刘春喜靠把戏好，念白英气逼人、语挟风雷，演沾些武气的戏，则向他看齐。这些都是主观因素。从客观方面来说，马连良的嗓音还没有复原，而贾、余二人在年轻的时候嗓音都受过损伤，向他们学习，主要是揣摩“败”中取胜的有效方法。

《焚绵山》马连良饰介子推

看到上海“亦舞台”的老生演员张国斌演《三搜卧龙岗》里的黄承彦非常精彩，知道张是衰派戏专家，就不耻下问，真心求教。张国斌的《火焚绵山》与众不同，在火烧的表演中有难度极高的跌扑绝技，能分别从一、二、三张桌子上翻身而下，马连良遂向张先生学习该剧，并扬己所长，避己所短，在唱腔、身段方面下工夫，力图有所突破，《焚绵山》不久成为马连良早期代表作。

在学习老生名家的同时，也不放过向其他行当名家学习的任何机会。在与尚小云合演《二堂舍子》时，有人就建议，如果带“打堂”一折，就必须用侯喜瑞。侯所饰演的秦灿，能起到豹尾的作用。于是马连良就注意观察，侯师哥的秦灿在扔桌子砸人的时候，不是直接把桌子扔出去，而是双手端起桌子后先用力向下一蹾，然后大喝一声“嘿”，再扔出去。观众看到的是秦灿的暴戾乖张，有惊心动魄、身临其境之感。实际上侯喜瑞是用蹾桌子这种表演上的小节骨眼儿，提醒同时滚堂的“秋儿”注意，开始滚堂且不要被桌子砸到。这种融技巧于剧情的表演方法，让马连良受益匪浅。

“鼓界大王”刘宝全是马连良的忘年交，他告诉马连良，演员第一次出台很关键，必须要把观众的神全部拢到表演者的身上，这就要求角儿自身要有精气神。刘宝全上台前总是一言不发，用一块热毛巾把脸盖住，闭目养神。出场时顿觉红光满面，精气照人。

《京报》主编邵飘萍是我国新闻事业的先驱者，他正直果敢不畏强暴，永远站在正义和公理一边。对反动军阀的倒行逆施总是痛快淋漓地口诛笔伐，给予无情的棒喝。他的名言“说人话，不说鬼话；说真话，不说假话”，深深地影响了马连良一生做人的态度。

邵飘萍

在他与马连良的交往中，总是给予马连良文化上的帮助，精神上的鼓励。他认为戏剧有高台教化的重要功能，是使普罗大众懂得抑恶扬善道理的最简单的方法。邵先生的这种思想，深深地影响了马连良毕生的创作理念及其流派风格。在马连良日后的演艺生涯中，他一直坚持走一条使京剧通俗化的道路，他最关切的是广大普通观众是否能理解剧情，唱腔唱词是否令他们“费解”，同时能否真正做到雅俗共赏。

《一捧雪》马连良饰莫成

马连良的勤学苦练，得到了几位前辈的鼓励与认可，这些人逐渐与马连良成了忘年交的朋友。小生名家朱素云有着深厚的昆曲基础，并有较高的文化水准。除了在艺术方面时常指点外，他还引导马连良在书画方面加强修养，对马连良在服装道具方面的一些想法给予支持和鼓励。他对马连良说：“这些功夫都是山后练鞭，将来就知道他的好处了，你得坚持，不能急功近利。”一次散戏后，与马连良年纪相仿的尚小云已经是名震剧坛的大角，所到之处被人前呼后拥好不风光，令马连良十分羡慕的同时又有些自惭形秽，心中很不是滋味。朱素云立即看出了马的心思，拍着马连良的肩膀极有信心地说：“爷们儿，你好好干，将来准能成这样！”朱先生的指点与鼓励对马连良的一生影响深远。

马连良的种种努力果然收到了良好的效果，后来据剧评家红蛾在《谈马连良》一文中记述：“念白做工戏成名之作如《夜审潘洪》、《审头刺汤》，无不各得奇妙。嗣在百代公司灌得《定军山》唱片（1922年首次灌制），一时‘夏侯渊武艺果然好’之歌声，与‘夏侯渊吾的儿呀’之念白，风行如杨小楼之‘闪开了’，贩夫走卒皆能引吭。”1922年的念白已有如此功力，可见马连良努力的结果。

《黄鹤楼》朱素云（右）饰赵云

对于已经取得了阶段性进步的马连良来说，自己今后的艺术风格将沿着哪条道路前行，已经是迫在眉睫必须解决的问题了。许多人认为，既然“谭派须生”的头衔已经打响了，就应该继续按照老谭的艺术规范走下去，不要再走以念白、做工为主的戏路。安工老生与做工老生是两个艺术范畴，不可混搭。

因为从专业演员的角度考虑，唱功与念白同时进行，嗓子很难即时调整过来。如果用不好，嗓音就会被使坏了，“横了”再想调整回来就难了。历史上出了几个贾洪林呀？贾的知名度如何能与“伶界大王”谭鑫培相提并论？况且老前辈们早有定论，曾曰：“善唱者十之必有二三，工说白者百中仅可一二。”因此，如果沿着正宗谭派的道路走下去，马连良成功的几率应该会高许多。但是，马连良并没有“虚心”接受别人的指教，而是按照心中拿定的“准主意”走自己的路。

《甘露寺》推陈出贾派

在追摹名家的同时，马连良开始了他在艺术创作方面的牛刀小试。贾洪林一直是马连良的偶像，可惜只跟贾先生学习了一年半左右，贾就不幸去世了。马连良深感惋惜之余，到处寻访贾洪林的艺术遗迹，期望从中获益，并让贾先生的艺术得以传承。《甘露寺》里的乔玄本来是个配角，只有很少的几句戏词，是个二路老生的活儿，马连良在科中就饰演过这个角色。一次，他听萧长华和姚增禄两位老先生闲谈，二人都依稀记得贾洪林多年以前有一出与众不同的《甘露寺》。前面仿佛有段唱，好像是“劝千岁”之后转流水板的唱法，后面的念白也比较丰富，但却没人能把当年贾先生的表演一五一十地说清楚，更不可能有什么剧本、唱词流传下来。

根据前辈的讲述，马连良认准了这是一出推陈出新的好戏。以往的《甘露寺》刘备是主角，乔玄是个没有什么唱念的“二路活儿”。如果按照贾先生的戏路，把乔玄进一步加工创造，不但使这个人物更富有戏剧性，而且让乔玄识大体、顾大局的政治远见更加突出，反映了孙刘联盟是人心所向，从而有力地深化了主题。马连良有信心把这个“二路活儿”的乔玄唱成“头路活儿”。

《甘露寺》马连良饰乔玄

于是他按照自己对贾先生艺术风格的理解，在老前辈的帮助下，设计了一段［西皮原板］转［流水］的唱段“劝千岁杀字休出口”。开始只有半句［原板］，然后转［流水］。马连良总觉得不够完美，没有时代气息，于是他登门求教于王瑶卿先生。王先生认为这段唱腔的［原板］太短，［流水］太长，有些头轻脚重不协调。马连良很珍惜这一意见，后来就修改为五句［原板］转［流水］，使这段唱腔日趋完美。又参考了南派《甘露寺》“联弹”的内容，将“相亲”里的念白、做表加以丰富。

这出别开生面、全新版本的《甘露寺》唱词生动，极富思想内涵；唱腔精致自然，华美流畅；唱法传神，平易近人而又富于戏剧性。马连良在表演的过程中，运用夸张的语气，演唱与身段、动作、表情相结合，创造出了浓厚的喜剧效果，与当时舞台上普遍存在的中规中矩、平淡无奇的老生表演大相径庭。因此，一经推出就获得了内外行人士的一致好评，给刚刚尝试艺术创作的马连良以极大的安慰，又为他日后的创作奠定了基础，增强了信心。

如果说《借东风》的成功是天降大任于斯人，多少也有些运气的成分在内，那么《甘露寺》的破围而出，则是马连良自身努力的结果。无怪乎几十年以后，当坊间皆以为《借东风》是马连良第一代表作时，他自己却以为《甘露寺》的艺术表现力最为传神，可见一部成功的作品对艺术家毕生影响是多么巨大。

马连良创造的“这一个”乔玄，从原来的配角变成了主角。由于改编得当，使戏情戏理为之增色。以后再演《甘露寺》时，乔玄就非马连良莫属了。《龙凤呈祥》是名家联袂主演的合作戏、义务戏之一，当年习惯称其为《甘露寺》、《美人计》、《回荆州》，马连良也就自然跻身于名家的行列了。如果说《借东风》让马连良与众不同、一炮而红。那么这出风格独特的《甘露寺》，就如同一块令人飞身跃起的跳板，把马连良送入了名角儿的行列。这是他创造性地继承贾（洪林）派艺术所得到的良好回报，也正应了当年贾先生的话：“将来继承我衣钵者，非此人（马连良）莫属。”

据1923年出版的《名伶化装谱》（何卓然著）及后来日本人波多野乾一的著作《京剧二百年之历史》记载，当时的剧评家已对马连良有相当推崇之评论：“剧有专师，固属可贵。然转益多师，能集众长尤为难得。惟须融会贯通、自成一格，乃贵。不然则夹杂矣。比如作诗，八句中两初唐，两盛唐，两中唐，两晚唐。词虽美，诗格亦不足言。况所模仿者，均不似耶。连良之佳，与艳秋同。能融合诸家，自成格调。故声不必高也，而能沉稳；字不尽正也，而能清晰。又做派极工，身法台步无不老到，与彼集碎锦作百家者，大相径庭。而集百家衣者，方与连良并名于时。而听剧者多，真赏者少也。”

1924年2月5日，正是这一年的正月初一，马连良与荀慧生再度合作，以双头牌形式献艺于上海申江亦舞台。在为期近三个半月的演出中，马、荀二人共同演出一百四十场，除合演传统戏《御碑亭》、《宝莲灯》、《武家坡》、《法门寺》等剧目外，此次二人大刀阔斧地投入到了新剧目的创作和演出当中。参演剧目包括《七擒孟获》、《孝义家庭》、《头、二本宝莲灯》、《头、二本韩湘子九渡文公》及《甘露寺》。

在《韩湘子九渡文公》中，马连良首次突破传统，以老生应工却不戴髯口，做了一次“大嗓小生”的新尝试。而《甘露寺》的在沪首演，更是轰动一时。物克多公司立即邀请灌制唱片，“劝千岁”顿时风行开来。这其间受到上海文化界新思潮的影响，马、荀二人在唱腔、表演、服装、化装、灯光及布景等方面，进行了大胆的探索和积极的创作，造成了深远的影响。当时剧评家怡翁评价他们，使京剧界的“一时风气，因而改革”。

《连营寨》马连良饰刘备

成立和胜社时，马连良与朱琴心（左）、荣蝶仙合影

马连良回到北京后，加入了荣蝶仙组班的和胜社，与朱琴心并挂双头牌。在北京唱头牌的老生，多数艺宗谭派。马连良为表示自己宗谭学谭，也为了讨个吉利，连打炮戏都模仿老谭先生，唱了由青龙门（下场门）上场的《定军山》，又名《一战成功》，期冀日后走一条成功之路。在演出谭派经典的同时，兼演以念做为主的戏，继续着他对京剧艺术的探索。

《击鼓骂曹》马连良饰祢衡

把原本末行的做工戏演成头牌正戏很难，把谭派经典中融入新的做工就更加难了。尽管被冠以“离经叛道”、“左道旁门”的骂名，而马连良却从未停止在这方面的探索。他认为谭鑫培老先生的《探母》与众不同，特别是杨四郎改装上场唱“在头上去下胡地冠”，一般是“长锤”打上，拉山膀，开唱。而谭老演出时，则在“长锤”声中侧身出场，走一个弧形，先右手撩大带伸左臂回身一望，再向右转身拉山膀起唱。只多了个弧形回望的身段，就觉得美不胜收。首先是边式，不是直览无余；出场、回望、拧身、山膀都很圆，阴阳相称。其次是合理，因杨四郎是私自改装，心中忐忑，唯恐被人识破，所以出场后不觉要回头看看身后有没有人，更觉真切。

马连良把这一套优美的动作化入到《捉放曹》的“宿店”里面。一般演法是陈宫要杀曹操，上步举剑，曹操鼾声稍重，吓得陈宫撤步藏剑，直来直去，没有层次美感。马连良受到谭老的启发，将表演演化为陈宫上前举剑要杀，曹操动，陈一惊，用腕子上懈劲，宝剑松弛向后扬来表现。然后像谭老那样，背对观众向右拧身，转过脸来，甩髯口、倒步子、藏剑，亮住。身段、神情就比原来的演法生动得多了。他的这种演法后来传给了马长礼。

在精研谭剧的同时，观众要求观看新戏的风气，也从南方吹到了北京。朱琴心原为协和医院的英文文书，是伶人当中少有的文化人，他与京城里老角们的保守思想不同，对京剧的发展怀着开放的态度，积极参与新剧目的创作。马连良与之一起连续排演了《陈圆圆》、《化外奇缘》等剧目，同时根据观众的心理需求，考虑到许多“折子戏”无头无尾，让观众费解；连台本戏过于冗长，观众不可能每天观看。于是在法度之内，对传统戏进行了加工整理。

挖掘、完善了《广泰庄》；联缀了《马义救主》、《滚钉板》，成新版《九更天》；丰富了《审潘洪》，增加“夜审”情节；将原来四天演完的连台本戏《节义廉明》删繁减冗为一天演完的《四进士》等等。特别值得一提的是马连良把《斩郑文》作为“戏胆”，增益了“孔明上出师表”、“祭奠昭烈帝”，“祁山对阵”等剧情，创作了他的第一出本戏《武乡侯》。形式为一个晚上演完，却又不连台。同时也完成了他不但要懂得唱戏，同时还要懂得组织排戏的心愿。

《广泰庄》马连良饰徐达

《打渔杀家》马连良饰萧恩，朱琴心饰萧桂英

尽管马连良在艺术上的探索与追求收到了良好的回报，但却不被当时业内的一些同行所接受。有些人认为马连良搞的本戏是“标新立异”，根本不是老谭的路子。另外，一些文化底蕴深厚的剧评家也不太接受马连良的演艺风格。究其原委既有对以往老生艺术欣赏习惯的惯性，又有思想上比较保守的一面。

他们认为马连良应该在正统老生的艺术道路上虚心求教，而不是一味满足艺术上的“浅见者”。对马连良所追求的新的创作理念更是不屑一顾，对马连良所取得的成绩，大多认为侥幸使然，看不到这种新型老生艺术形式的发展潜力。有剧评家写道：“人生有幸与不幸，伶界亦何独不然，如连良者，诚可谓幸运儿矣。”因此，在得不到理解与支持的前提下，在艺术道路上不断努力的马连良，注定将孤独地孑然前行。

而少数业内的佼佼者，却对马连良有不同的看法。一天，余叔岩带着几个弟子路过“庆乐”，看到马连良的演出戏报，上写《全部范仲禹》及有关关目，“赴围赶考、中途遇虎、失落妻儿、问樵闹府、打棍出箱、阴差阳错、黑驴告状、包公断案、琼林御宴”，余叔岩不禁赞叹地点了点头。有人不屑一顾地说，不就是《问樵》吗？余叔岩指着马连良的名字说：“将来你们谁也干不过他！”

马连良在汤山游览

1927年北京梨园公会成员欢迎上海夏月润合影（局部）。前排左起：高庆奎、马连良、程继先、朱文英、时慧宝、余叔岩、夏月润、杨小楼、梅兰芳

《打严嵩》马连良饰邹应龙，马连昆饰严嵩

1927年马连良嗓音渐已复原，可唱“工”字调。春节，带着他的新戏《武乡侯》、《火牛阵》等，亮相上海。这次旅沪是受上海天蟾舞台后台经理谢月奎的邀请，与沪上老生名家麒麟童（周信芳）首次合作演出。马、周二人，一北一南，均以做工戏闻名。虽然演艺风格不同，但有很多相同的剧目，如《四进士》、《打严嵩》、《乌龙院》等。可谓“双雄不两立，同行是冤家”。

谢月奎称得上是手段高明的派戏专家，除了二人各展所长外，还经常安排两人合演。马连良因唱功等条件胜于周信芳，多应安工老生，周信芳则应做工老生。如《借东风》中，马连良饰诸葛亮，周信芳饰前鲁肃后关羽；《雪杯圆》中，马连良饰前莫成后莫怀古，周信芳饰陆炳；《武乡侯》中，马连良饰诸葛亮，周信芳饰郑文；《摘缨会》中，马连良饰楚庄王，周信芳饰唐蛟；《火牛阵》中，马连良饰田单，周信芳饰田法章；《宫门带》中，马连良饰李渊，周信芳饰褚遂良。让为期两个月的演出红红火火，马、周二人取得了双赢，观众也大饱了耳福，为以后的合作奠定了基础。

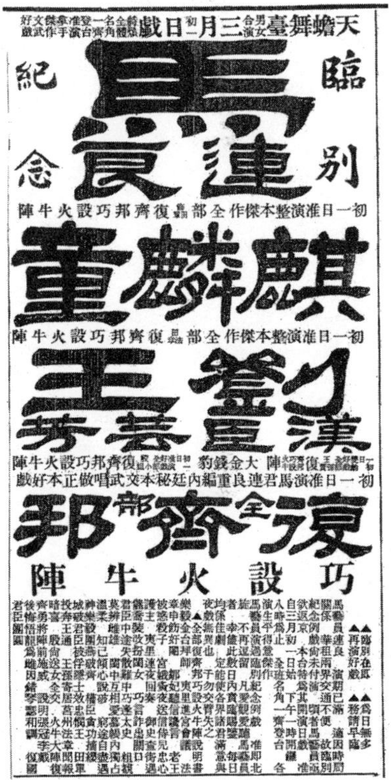

1927年马连良、周信芳等演出《火牛阵》广告

1933年3月，天津春和大戏院由马连良的好友李华亭接手经营。他立即约请马连良的扶风社为“春和”重张演出，上演了经过加工改编的《全部白蟒台》。扶风社在天津红红火火地演出了一周后，回到北京。

《白蟒台》马连良饰王莽

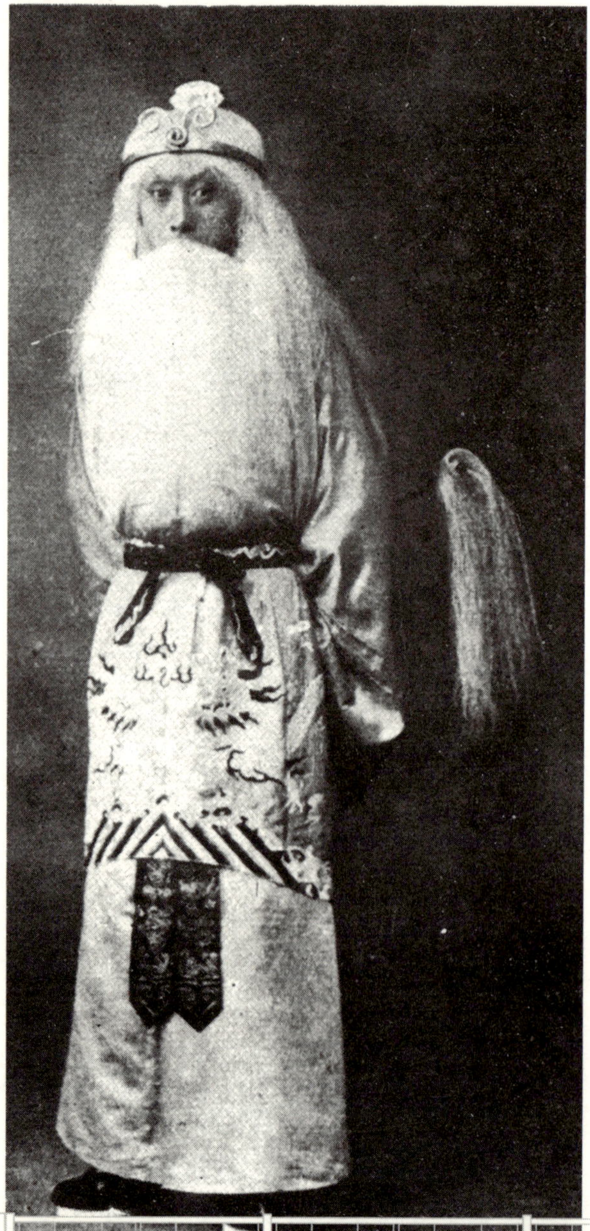

过了不到一个月，李华亭又一次来到马家豆腐巷的宅院。他开门见山地对马连良说，麒麟童（周信芳）的移风社在天津已经停留了好几个月，由于周的剧目以《封神榜》、《天雨花》等南派连台本戏为主，已经不适合天津观众的欣赏习惯，所以移风社的上座率很差，戏班目前进退维谷、处境十分不妙。李华亭知道马连良与周信芳曾经在上海合作过，希望他们二人能够再次联手，一定能有相当的票房收入，这样就能帮助周信芳的班社回到上海。

《火牛阵》马连良饰田单

《摘缨会》马连良饰楚庄王

《十道本》马连良饰李渊，叶盛兰饰李世民，李洪福饰褚遂良（左）

其实麒麟童之前并没有在李华亭的“春和”驻演，李是见义勇为。马连良当即表示，戏班不分南北，都是一家人。请李速回天津，以“敦聘马连良麒麟童两大老生合作，扶风社移风社破天荒携手”作为宣传，于1933年4月13日至16日在春和大戏院演出六场。其中，马、周二人合作演出《十道本》、《全部一捧雪》、《楚晋交兵》（即《摘缨会》）、《小桃园》、《武乡侯》、《借东风》，角色仍然延续当年的分工。演出的效果令人非常满意，既赢得了票房，又赢得了声誉。“南麒北马”之说，从此不胫而走。

马连良与王长林（中）、郝寿臣（右）、黄桂秋（后左）、陈春龄合影

你还嫌他戏不够唱啊？咱们带了走吧。

1927年春夏之交，马连良与朱琴心赴天津演出。一天，朱在演出他的拿手好戏《阴阳河》时，不慎烧伤了面部，只得停演。马连良马上以《一捧雪》替演，力捧朱琴心的观众对马连良的表演也十分欢迎，于是后面的几天演出，马连良就一直挑梁主演。天津的观众不但没有怨言，而且非常支持，这令马连良十分欣慰。

回到北京后，与朱琴心合组的班社不得不报散，许多人认为马连良独立挑班的时机到了。当时京城内的京剧班社基本上都以旦角挑班，老生挑班的寥寥无几。正处在所谓“女史临朝，乾纲乃衰”的时期，许多优秀的老生演员都不得不沦为旦角的附庸，为其“跨刀”。在名角林立、阴盛阳衰的大环境下挑班，如果没有特殊的艺术才能，就轻言自立，其结果只能是昙花一现，贻笑大方。在群雄并起的京城想成为一路诸侯，谈何容易。马连良单挑头牌是否能站住脚跟，人们心中都打着问号。

《芦花河》马连良饰薛丁山，朱琴心饰樊梨花

由于观众的欢迎程度日益高涨，在前辈名家的支持下，1927年6月，陈春龄组班春福社，马连良担任头牌老生。其他主要演员有二牌旦角王幼卿、花脸郝寿臣等名家。为了进一步精研谭派艺术，马连良邀请曾经为谭鑫培、余叔岩助演的前辈艺术家王长林、钱金福加盟，每人戏份均为四十大洋，使春福社的阵容非同凡响。

6月9日，在北京庆乐园日场打炮，再次上演谭派名剧《定军山》代“斩渊”。马连良饰黄忠，钱金福饰夏侯渊，王长林饰夏侯尚，张春彦饰严颜。标志着马连良习学谭派艺术已经到了细腻、精化的程度。这天暑气蒸腾，溽热难当，而观众却座无虚席，热情高涨。马连良的表演，正如李洪春先生后来在《京剧长谈》中记述的那样：“从开始由青龙门上场起，就像谭鑫培。再一听他的念白和唱腔更是无一不学谭。特别是刀下场和斩渊，准确、美、帅。我对马连良说：‘老三，我再烦你唱一回行不行，我有瘾！’”马连良以“谭派须生”挑领的春福社首战告捷。

《火牛阵》马连良饰田单，王长林饰城卒

《秦琼发配》马连良饰秦琼

《天雷报》马最良饰张元秀

马最良，马崑山之子，马连良之堂弟。自幼随父学艺，后入南通伶工学校，习老生。14岁随马连良进京，在斌庆社带艺坐科，同时学习马派艺术，很快成名，被誉为“童伶四杰”之一。挑班后长期在西北地区发展，观众对其赞誉有加，人称“南麒北马关外唐，西北有个马最良”

除了向王长林、钱金福请益谭派艺术以外，马连良知道老前辈们的肚囊宽绰，有学不完的好戏，他希望能够尽可能地继承下来。一天王长林与李顺亭在后台闲聊，说到《三字经》中“若梁灏，八十二，对大廷，魁多士”几句，有一出相关的剧目叫《梁灏夸才》。王说，把这出戏传给余叔岩比较合适。李说，你还嫌他戏不够唱啊？咱们带了走吧！马连良对老先生的看法不敢苟同，于是更加抓紧时间向王老请益。

王长林被马连良的虚心求教所感动，主动帮助他把以前的开场小戏《渭水河》改编整理为《兴周灭纣》（又名《八百八年》）。把经典折子戏《问樵闹府》、《打棍出箱》增益首尾，改编为《全部范仲禹》。当知道马连良对《胡迪骂阎》这出老戏有兴趣时，王长林马上表示支持，“我有这出戏，你要喜欢，我愿意陪演！”

孙菊仙

梨园泰斗孙菊仙一向有“三不”的习惯，即“不喜照相，不灌唱片，不收徒弟”。为了进一步深造，加强自己的艺术修养，马连良自1926年起就主动向孙老请益，虚心求教，孙菊仙被马连良的诚挚所打动，加之自己年事已高，多年的艺术经验需要传承。于是先给马连良、马最良兄弟二人说了一出冷戏《火烧葫芦峪》，后又传授《渑池会》、《四进士》等剧。到1928年底，孙老终于在天津收马连良为弟子。

1929年，即民国十八年，是马连良艺术生涯中特别值得关注的一年，也是他早期一个艺术高潮的开始。由于这一年马连良的嗓音已恢复到最佳状态，于是在坚持上演衰派戏的同时，演出剧目向唱工戏方面倾斜。在老师蔡荣贵的协助下，与郝寿臣继续合作，演出生净"对儿戏"。

《青梅煮酒论英雄》马连良饰刘备

年初，上演《应天球》，即全本《除三害》。3月，又将《南天门》加以改编，上演《全本天启传》；9月，先上演《许田射鹿》，马连良饰前董承后刘备，郝寿臣饰曹操；然后，又在连台本戏《七擒孟获》的基础上删繁去冗，改编成功《祭泸江》；10月，恢复上演《十道本》。该剧在老戏《宫门挂带》的基础上改编，原为前辈老艺术家王九龄的拿手好戏，被马崑山先生继承，又传给了侄子马连良，可谓"马门本派，家学渊源"。在剧中马连良饰前褚遂良后李渊，前部有慷慨激昂的大段念白，后部有韵味酣畅的［二黄原板］，演来别具特色，风格突出，受到观众的热烈追捧。

有了北京演出成功的基础，马连良带着这些拿手好戏，于1929年11月来到上海，展开了一场剧目大展演活动。这年冬天上海的天气阴雨连绵、寒冷异常，但荣记大舞台里却是温暖如春、气氛热烈。在马连良主演的剧目中，既有传统老戏《四郎探母》、《失空斩》、《御碑亭》、《宝莲灯》等，又有新戏《许田射鹿》、《十道本》、《白蟒台》、《黑驴告状》等。在名角胡碧兰、姜妙香、林树森、金少山等人的配演下，戏码天天翻新，日日不同，使演出进行得异常火爆。大舞台方面眼看一个月的合约即将到期，却无法满足广大观众看戏的要求，于是与马连良商议，把演出合约延长半个月，直到1930年元旦。

30岁的马连良

《宝莲灯》马连良饰刘彦昌，黄桂秋饰王桂英

《青梅煮酒论英雄》马连良饰刘备，郝寿臣饰曹操

马连良在上海演出大为轰动的消息早已传到了北京。这时，“梅党”正在为梅兰芳的赴美演出做着紧锣密鼓的筹备工作。据说“缀玉轩”的智囊团和梅本人曾有约请马连良共同赴美之意，马的父母听说要远渡重洋未能同意。马连良当时正沉浸在艺术上独挑大梁的喜悦之中，醉心于创作“马门本戏”的阶段，不想沦为为人“跨刀”的二牌可能才是本意。

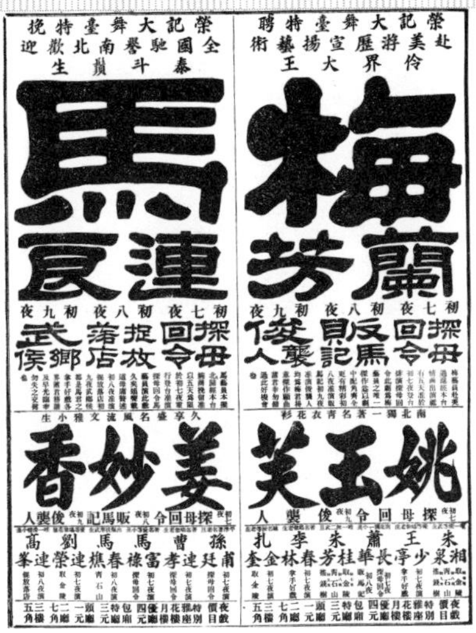

1930年初马连良、梅兰芳于上海演出广告

《探母回令》马连良饰杨延辉，梅兰芳饰铁镜公主

梅兰芳赴美之前去上海演出已在日程之内，既要对上海观众做一个临别纪念，又要通过演出筹集一些经费。“梅党”知道马连良在沪大红，立即通过大舞台方面与之联系，请马连良务必在元旦以后再多停留半个月，与梅兰芳合作一期，希冀创造一个演出史上的奇迹。马连良为了给梅大哥赴美壮行，决定再度延期。

等梅兰芳一行到达上海后马连良才得知，此次赴美演出遇到了意想不到的困难。美国刚刚遭遇了一场空前的经济危机，整个市面差到了谷底。原本准备的十万元的旅费资金已完全不够，梅兰芳的心情可想而知。因此，这次梅、马合作不但是志在必得，而且必须创造票房奇迹。虽然演出收入只是杯水车薪，但也要竭尽全力。大舞台方面标出了有史以来商业演出的最高价，花楼、月楼高达四元，三楼最低价也要七角，比日常的演出票价翻了一倍还多。“黄牛党”们在戏院以外大卖“飞票”，票价翻番地上涨，仍然供不应求。

为了这十天的演出，梅、马二人使出了浑身解数。除了二人合演《探母回令》、《法门寺》外，马连良演出《武乡侯》、《盗宗卷》、《甘露寺》、《战樊城》等拿手好戏，梅兰芳则连续上演金牌名剧《霸王别姬》。最后一天梅、马合演双出《汾河湾》、反串《溪黄庄》。荣记大舞台内高潮迭起，彩声不绝。精心策划的演出奇迹实现了，梅兰芳高兴地拉着马连良的手说：“三弟，等我回来咱们接着唱！”望着梅兰芳的笑脸，马连良内心十分安慰。

马连良能够得上一派吗。

观看过梅、马的合作演出后，业内尊称“陈十二爷”的声腔专家陈彦衡认为，马连良的嗓音已经到了“音膛相聚”的境界，前途不可限量。由于沪上演出盛况空前，唱片公司也趁热打铁，邀请马连良灌制唱片。于是在“蓓开”公司灌录了《一捧雪》、《大红袍》、《甘露寺》等11面，在“开明”公司灌录了《三顾茅庐》、《火烧藤甲》、《哭周瑜》等14面，共计25面之多，破历次灌音纪录。

在上海剧评家沈睦公等人的倡导下，为马连良出版特刊，沪上各路名家题词力捧。于右任题写刊名《温如集》；严独鹤题写“阳春白雪”；陈希曾题写“天宝元音”；杜月笙题写“一鸣惊人”等等。特别是在剧评家的文章中，首次出现了“马派”的字样。他们认为马连良的艺术已经自成一格，特色明显。既有代表剧目，又有热爱他的观众群体，完全可以成为一个新的流派——马派。

《安居平五路》马连良饰诸葛亮

回京以后，马连良的主要工作是一边编排新戏，一边筹备自组班社之事。希望在这个剧团里，能够充分发挥自己的聪明才智，实现多年来矢志改革京剧的理想。1930年3月，马连良先将列国故事《要离刺庆忌》搬上舞台，然后在京城业内广揽人才，组建自己的“扶风社”。他约请了旦角王幼卿，花脸刘砚亭、董俊峰、马连昆，武生尚和玉、马春樵，小生金仲仁，丑角马富禄，里子老生张春彦。马连良从此成为真正意义上的“马老板”。

9月26日，扶风社于中和园日场上演打炮戏，马连良特意挑选了衰派老生戏《四进士》作为首演剧目，而不是以往两次挑班时必演的谭派名剧《定军山》，暗喻着要坚持走自己风格的艺术之路。10月，上演新编剧目《安居平五路》，饰前诸葛亮后邓芝。

《安居平五路》马连良饰邓芝

自上海载誉而归后，《全部范仲禹》中“行路”里有一段轰动一时的［西皮原板］，其中“一个个都盼望题名在那金榜上”一句，突破了常规的七字或十字句，而唱腔却十分动听别致，“马腔”之说开始流布京城。

可马连良的艺术是否能称得上一派，可不是上海人说了算的事。上海是时尚之都，一切新生事物都比北京接受得早，发展得快，方方面面都领先于北京。可唯独京剧这行必须是北京最后拍板，不管在上海是多大的腕儿，都必须到北京来“挂号”。没在北京梨园公会拜过祖师爷，没得到过京城业界的首肯，您就称不上是真正的“角儿”。当听到马派之说后，有人就立马质疑，马连良能够得上一派吗？他有靠把戏吗？他武的行吗？他能跟余老板相提并论吗？马连良需要一个证明自己的机会。

《四进士》马连良饰宋士杰，马富禄饰万氏

为贫民开办粥场，梨园公会在第一舞台组织演出义务戏《定军山·阳平关》。余叔岩接了《阳平关》的黄忠，前面《定军山》的黄忠派给谁则让梨园公会犯了难。当时在北京城里唱老生的都不愿意接这个活，并不是大家不愿意为穷人出力，而是谁接了这个活就等于把自己跟余叔岩拴到一块了，两个“黄忠”比上了。

大家都知道这两出是余三爷的拿手好戏，自己的功力与道行均不能与余叔岩相提并论，还没上台就先输了一截儿。一旦在台上稍有差池，不但会被人家比下去，而且永远留下了坏印象，想再翻身都难了，这不是等着砸自己的牌子吗？最后，梨园公会决定由马连良和余叔岩饰演前后黄忠。马连良从未与余叔岩同过台，他明白这是有人要抻练自己。如果不接受演出义务戏，定会遭到千夫所指。如果接受，则必然要与余形成对比，一较高下。

《定军山·阳平关》余叔岩饰黄忠

《定军山·阳平关》马连良饰黄忠

马连良考虑了三天后，终于决定接受这个考验。他觉得即便是被余叔岩给比下去，也是自己才疏学浅、艺术不高，就得认栽。他后来就此事曾对家人说："我不能还没出来就认栽了，要栽也得栽在前台，这是我的命！"

马连良接戏之后，把《定军山》这出戏默了又默。从每一个刀花，每一个亮相入手，把余叔岩的演法与自己的演法作了对比，扬长避短后再精益求精。然后再从扮相上下工夫，不放过每一个细枝末节。把头上“官中”的黄绸条的颜色重新做了调整，使之与扎巾、硬靠的颜色既相匹配又醒目好看。演出当天，为了使晚上的演出尽善尽美，马连良下午早早地来到了石头胡同李春林的家中。李是梅兰芳的大管，行内人称李八爷。他家离第一舞台较近，马在李家足足地睡了一个午觉。起来之后又抽了三口烟，精气神十足地走向第一舞台。

演出开始后才发现，北京城里唱老生的大小角儿们都来齐了。有的坐台下，有的靠大墙，有的甚至就站在舞台上的两侧（当时允许站台上看戏），就是没有看见余叔岩。大家都聚精会神地观看这场难得的演出，不想放过每一个细节。马连良心想余三爷的戏是大轴，不会早到。他早早地扮好了戏，不敢有丝毫懈怠。在这种业内外一致关注的场合下，如果台上稍有差池，则“一世英名毁于一旦”。马连良面对这场重大考核毫无惧色，在谭派戏路的基础上，融入自己洒脱帅美的演艺风格，给观众交上了一张满意的答卷。

马连良在演出的过程中忽然想到，《定军山》与《阳平关》有一个“刀下场”的身段是一模一样的。如果自己在前面先把这个身段使了，虽然算不上把余叔岩的戏“刨”了，可余叔岩再使这个“相”就没意思了，于是随机应变地在台上使了个“反相”，然后下场。在他亮相的同时无意间侧目向上场门一望，余叔岩正在扒着台帘观察他这个下场，二人会心地对视了一下，各自离去。内外行们都异口同声地称赞：“这才叫真会哪！”“只知道余叔岩漂亮，想不到马连良也这么漂亮！”马连良成功而又满意地完成了这出义务戏的任务，内心感到十分欣慰。

大叔。

您是诚心真捧我啊。

1931年初，上海荣记大舞台再度邀请马连良与“国剧宗师”杨小楼一起沪上献艺。能与杨老板一起合作，马连良感到莫大的荣幸。既能向老前辈学习技艺，又能抬举自己的艺术地位，是件名利双收的大好事。由于二人的行当差异，能够同台合作的剧目不多，一般都是马连良唱压轴，杨小楼唱大轴，各演拿手好戏。合作演出最多的剧目就是《八大锤》，马连良饰王佐，杨小楼饰陆文龙。另一出合作剧目为《汉阳院·长坂坡》，马连良饰刘备，杨小楼饰赵云。演出时，马连良有大段的演唱，见杨老板在一边站着，心里非常不落忍。

《全部借东风》马连良饰鲁肃

由于杨、马二人难得一起献艺，观众强烈要求上演更多的合作戏，这可给马连良出了难题。因为老生、武生戏份相当的剧目非常少，在马连良所会的戏中，基本上都是老生为主，武生为辅。马连良对杨小楼始终怀有敬畏之心，无论从艺术地位还是从年龄辈分角度来说，绝不敢让杨老板给自己配戏。由于观众盛情难却，合作演出了一出《全部借东风》。马连良按惯例饰前鲁肃后诸葛亮，请杨老板来了个尾声部分的赵云，虽然台下彩声不断，收到了“豹尾”的艺术效果。但赵云毕竟是配角，马连良始终认为太让杨老板屈就了。

马连良为难的心思被杨小楼看出，他主动与马连良商议演出的戏码，杨说：“连良，你唱出《摘缨会》，我来个唐蛟，你看怎么样？”马连良连忙说道：“大叔，那可不行，太委屈您了。”杨小楼爽朗地说：“有什么委屈的，只要台底下不委屈就行。人家是冲咱们爷儿俩来的，不能让人家白花钱呀！”果然，《摘缨会》的演出再次收到了良好的效果。

《八大锤》马连良饰王佐，杨小楼饰陆文龙

马连良、杨小楼演出《要离刺庆忌》广告

过了两天，杨小楼又对马连良说：“连良，你把庆忌的‘单头’（台词）给我抄一份，我来这个活儿，你跟我讲讲台上的地方。”杨小楼的语言再次感动了马连良，人家真心实意地提携后辈，自己还能说什么哪。马连良把要离与庆忌的台词与舞台上的调度给杨小楼细说了一遍，杨小楼边听边用烟扦子在烟盘中画着位置，然后轻轻地说了一句：“行了。”如果说杨小楼能够对《摘缨会》驾轻就熟，那是人人都能理解的，因为那是一出必修基础老戏。可《要离刺庆忌》是自己刚刚整理编排的一出新戏，就这么随便说说，杨老板能记得住吗？马连良最注重台上的“一棵菜”，戏开演后，心中还是不免有些忐忑不安。

《要离刺庆忌》马连良饰要离

等到“庆忌”一出场，马连良悬着的心顿时放下了一半。只见杨小楼勾了一个黄三块瓦脸，挂黑扎，穿蟒袍，横玉带，站定在九龙口上。双目微微四下一扫，顿觉一副暴君面孔。头颈向上略微一仰，大有压定群雄之势。气魄之大，无以匹敌。接着台上的词句、身段、位置等等一点儿不错不乱，与马连良在舞台上的交流浑然一体。演得情感充沛、气定神闲，让马连良唱了一出既放心又圆满的大戏，观众也得到了极大的艺术享受。演出结束后，马连良激动地对杨小楼说：“大叔，您是诚心真捧我啊！”从此，杨、马二人被观众誉为“艺坛双绝”。这是马连良毕生演艺生涯中最难忘的几场戏之一，后来每每提及此事还总是遗憾地说：“当时要是跟大叔留张剧照合影就更好了！”

1931年马连良、杨小楼与上海剧评家们的合影

《霸王别姬》马连良饰项羽，反串武生宗法杨小楼

余叔岩未能来沪，

反而成就了马连良。

返京以后，马连良先将老戏《焚纪信》加工整理，改编为《楚汉争》。又在文人关仲莹的协助下，把王瑶卿先生赠送的《万里缘》加以改编，使故事的主人公从胡阿云改变成苏武，为马连良的艺术宝库中又增添了一出新戏《苏武牧羊》。该剧于5月13日在吉祥戏院首演，受到广大观众的一致好评，认为这出量身定做的好戏为近期马派的代表作。

该剧在不长的时间之内就红遍全国，各地争相邀请，成为"扶风社"每到一处的前三天打炮戏之一。除了剧情紧凑、布局合理外，唱腔、念白更具时代气息。特别是该剧所反映的内容，与后来"九一八"以后全国民众的"反对投降、坚决抵抗"的时代脉搏相契合。成为当时鼓舞民族斗志、宣扬爱国热忱的一出好戏。这一时期全国京剧界中知名的艺术家都纷纷上演爱国剧目，如梅兰芳的《抗金兵》、程砚秋的《亡蜀鉴》等，朱琴心还登报征集这类剧本，极大地反映了艺人们的爱国情怀。

《苏武牧羊》马连良饰苏武

1931年6月初，上海闻人杜月笙的家祠落成举办典礼。为隆重其事，杜氏广邀南北名伶齐聚上海，在祠堂内外连唱三天大堂会。除余叔岩外，所有好角一网打尽，使这次演出成为中国京剧史上的一次盛会。祠堂外，由上海当地演员于10日、11日连演两天。祠堂内，9日、10日、11日南北名伶会演三天，从每天下午起通宵演出。三天的大轴戏为《全部龙凤呈祥》、《全部红鬃烈马》、《四五花洞》。后来有人记述当时演出盛况，"京剧精英荟萃一堂，每一个角色可说都是最佳人选，无一不是珠联璧合聚精会神之作，为沪上空前之大观"。

《苏武牧羊》马连良饰苏武，茹富蕙饰卫律

马连良在《龙凤呈祥》中饰乔玄、《红鬃烈马》中饰“大登殿”一折的薛平贵，及在第三天压轴戏《八大锤》中饰王佐。本来的计划是余叔岩饰“大登殿”的薛平贵和《八大锤》的王佐，马连良饰“武家坡”的薛平贵，末天只演《焚纪信》。余叔岩未能来沪参加演出，反而成就了马连良，这两天大轴　天压轴的重任就落到了他的肩上。后来有权威人士评论，“杜祠的演出，真正确立了马连良作为一线老生的位置，从此走上光明的坦途”。

《焚纪信》马连良饰纪信

马连良之所以能够从群雄并立的老生阵营里破茧而出，和余叔岩、高庆奎并称“须生三大贤”，与当时的时代背景有着重要的关联。从二次出科走红上海，到上海“杜祠”成为老生领军人物，马连良前后经过了近十年的奋斗。这十年间，京剧艺术处于空前繁荣发展的时期，出现了“四大名旦”等众多流派。而生行艺术自谭鑫培先生去世之后，一直在尊谭范秀的轨道上徘徊前行，未能出现如旦行般百花争艳的成绩。早年好不容易出了个贾洪林，未及大红就英年早逝。因此，观众需要新的声音，老生需要新的流派，京剧需要新的力量。马连良则在这时代的大潮中独具慧眼，认准目标义无反顾地大胆进取，在有机继承的同时，发展了自己，开创了一番新天地。

《龙凤呈祥》马连良饰乔玄，马富禄饰乔福

1931年上海杜祠落成后，京剧名伶大合影（局部）。前排左起：谭小培、言菊朋、马连良、谭富英、尚小云、程砚秋

第3部

壹玖叁贰~壹玖叁柒

如日中天

1932-1937

有这几位马氏能人在前面为马连良护航保驾过不了他们的关自知艺术造诣不相匹敌后就知难而退了即使有个别人过了关但也未必能持久地合作因为马连良对艺术追求完美有些人却承受不了这种完美

豆腐巷里出好戏。

自扶风社成立之后，马连良成了真正的老板，对于剧团内的一切事务都有了最终的决定权，于是他便对当时的京剧艺术进行了大胆的探索。在新编的剧目中，按照自己的思路，根据自身的条件开始了新的尝试。

《假金牌》一剧，原为老伶工周长山的拿手好戏，可称“绝唱”，刘景然也能唱此戏。马连良经过两年多的整理改编，于1932年把这出濒于失传的传统剧目恢复上演，并在老本的基础上融入了极其繁重的做工，使京剧舞台上又增添了一出老生做工戏。当时看过此剧的吴小如先生认为，《假》剧可称为这一时期马派“做工戏”中最为突出的代表剧目。

马连良与驻西班牙公使刘崇杰一起游览西湖

《楚宫恨史》马连良饰伍奢

在演出传统老戏《战樊城》时，马连良一直认为有个最不合理的地方，就是伍奢是被逼迫给儿子写信的，要求伍尚、伍员进京。且书信由平王、费无忌的亲信亲自送达，伍奢不可能在信上表示“逃走”二字。为了把平王无道祸乱楚宫，伍氏一门尽遭诛戮的故事合情合理地表现在舞台上，马连良在文人关仲莹等人的帮助下，于1934年上演了新编剧目《楚宫恨史》。当时剧评家称赞《楚宫恨史》“是现代戏剧史上最有意识的创造篇，是近廿年歌场中最具主意的新奇作”。

上世纪三十年代于上海大舞台演出《假金牌》时，马连良曾大胆尝试将豪华布景等用于京剧当中，但很快即对这种“大制作”给予了否定，回归了京剧艺术的本体

《一捧雪》马连良饰莫成

同年初，马连良将《一捧雪》、《审头刺汤》、《雪杯圆》三剧合并，使整个剧情首尾贯穿，整理重排为《全本一捧雪》，在北平华乐戏院上演。一人连饰三角，前莫成、中陆炳、后莫怀古，令观众大饱眼福、拍手称快。使这三出传统剧目焕发了青春，成为了马连良的代表作。

《羊角哀》马连良饰羊角哀

马连良与李万春（左）、马富禄。1922年马连良在上海收的第一个学生就是李万春，二人以叔侄相称。李后来虽向武戏方向发展，但他的许多唱腔、念白乃至对服装道具的改革，一直深受马派艺术的影响

为了展现马连良的全面才华，剧评家汪侠公请为尚小云、李万春编剧的清逸居士为马连良创作剧本《羊角哀》。在剧中为马连良安排了大段的[原板]、[四平调]、[反西皮]的唱段，并在“金殿”一折中设计了舞文剑、歌昆曲的内容，在“大战荆轲”一折中安排了开打武戏。该剧可谓文武并重、全面展示演员功力的繁重剧目，马连良演后认为此剧李万春演来会更加合适，于是就把这出戏传给了李万春。1935年1月26日，《羊角哀》于北平吉祥戏院首演，马连良饰羊角哀。

《羊角哀》马连良饰羊角哀

《胭脂宝褶》马连良饰永乐帝

《失印救火》是马连良在科班时期就已经唱红的一出老戏，可惜此剧是有尾无头，对白简的背景没有交代；《遇龙酒馆》向来是一出开场小戏，有头无尾也没人重视。从对观众负责任的角度出发，基于这两出戏之间的必然联系，马连良与编剧家李亦青等共同努力，将这两出经典老戏有机地结合起来，增益首尾合理贯穿，于1936年2月24日新编剧目《胭脂宝褶》被搬上了上海新光大戏院的舞台。马连良前饰永乐帝，后饰白怀。使该剧成为马派剧目的又一精品，也是他的中期艺术代表剧目。

《胭脂宝褶》马连良饰永乐帝

《胭脂宝褶》马连良饰白怀，叶盛兰饰白简，李洪福饰白奇

马连良与京剧界同人梅兰芳、杨小楼、尚小云等合影

一出出的优秀剧目不断涌现，是马连良十几年来厚积薄发的必然结果，同时也极大地满足了广大观众渴望拥有丰富剧目的要求。因为马连良家住北京崇文门外翟家口豆腐巷，于是“豆腐巷里出好戏”的赞誉不胫而走。

卓别林要演《法门寺》

1936年的上海之行，除了成功首演《胭脂宝褶》以外，还有一事令马连良十分感动，即与著名国际影星卓别林的会面。2月4日这天下午，卓别林乘船抵达上海。匆匆地参加了一个电影界的招待会后，就与梅兰芳见面，要求梅先生一定陪同他观看中国的国粹——京剧。这天晚上马连良上演《法门寺》，于是梅兰芳陪同卓别林及其女友宝莲·高黛来到新光大戏院。

卓别林对京剧极感兴趣，好像有一肚子的问题要问。当演到“行路”一折时，梅兰芳告诉卓别林，“郿坞县在马上心神不定”一段唱腔是马派经典，于是卓别林也像广大观众一样，屏息细听静心欣赏，同时用右手在腿上试打着节拍。听完这段以后，卓别林情不自禁、津津有味地说：“中西音乐歌唱，虽各有风格，但我始终相信，把各种情绪表现出来的那种力量却是一样的。”

散戏之后，卓别林等在梅的陪同下迫不及待地来到后台与马连良会面。马连良还没有来得及卸妆，双方互表敬佩之意之后，就站在台板上攀谈起来。卓别林对绚丽多彩的京剧服装非常好奇，认为中国古人就是如此穿戴，生活在中国古代简直是美不胜收。梅兰芳介绍说，马连良对京剧服装最有研究，于是马向卓别林介绍了许多我国的服饰以及戏剧服装的艺术特点。卓别林听后频频称道，对中华文化赞不绝口，并鼓励马连良将其进一步发扬光大。

马连良深知这一文化符号的冲击力度，而国外艺术家对中国服饰的重视更令他感慨万千。对于京剧服装，多年来他一直坚定地走着改革之路，却每每受到“离经叛道”、“外江派”等保守势力的攻讦，想起这些不禁让马连良不胜唏嘘。

马连良当时正筹备在北京投资一座新型戏院，于是向卓别林请教美国人是如何经营剧院的？美国艺人是怎样一种生存状况？卓别林一一做了介绍，并推荐他看一些美国的纪录片，特别是美国总统参加竞选的片子，因为当时的竞选演讲都在戏院进行。

为了纪念这次有意义的会面，有人建议当场合影留念。马连良还未卸妆，穿着县令的行头，戴纱帽，着蓝色官衣。卓别林表示要立即勾脸穿行头，扮一个“贾桂”，与马连良拍照留念。他认为他与“贾桂”是同一行当，他要学演《法门寺》，将来也要与马连良合作一回。建议虽好，无奈卓别林当夜就要乘船离开上海远赴菲律宾，临时化装也来不及了。于是只得马连良身着京剧行头，卓别林则西服革履，拍了一张二人拱手照、一张二人握手照以及马连良与卓别林、宝莲·高黛的三人合影。卓别林虽很健谈，由于时间紧迫，只得依依惜别，约定将来再见。马连良后来在与卓别林的合影上面做了题记，不忘这位海外的知音。

1936年在上海与卓别林合影

丙子春正拾四日即民國廿五年三月七日良以上諸技友
游滬演法门寺於新光戲院恰值滑稽老明星
賈波林先生偕其女友高黛女士來華游歷同賞良藝
對於國劇組織規律極感興趣演畢同於舞台攝此
國劇陳列館惠存
馬連良敬贈并識

随着剧目的不断丰富，艺术水平的不断提高，马连良的影响力也不断扩大，马派艺术步入了上升期的轨道。虽然马连良已经独立挑班多年，但班社的经济命脉一直由父亲马西园掌管，行内人称“老老板”，马连良则被称为“小老板”。马西园是虔诚的穆斯林，生活中谨遵伊斯兰教的“念、拜、斋、课、朝”五项功课。其中“课功”是指以安拉的名义征收的一种课税，

马西园（二排左七）与北平回教难民收容所同人合影

马西园与北平清真二小师生一起接受捐资救灾牌匾

作为扶危济困之用，用来养成人们乐善好施的美德。随着马连良财富的不断积累，马西园逐渐成了北平城里著名的回族慈善家，参与了修建天桥清真寺、捐助西北清真第二小学、筹办北平回族难民收容所等诸多义举。只要回民在这些方面有需要，大家都知道去找这位“老老板”，“老老板”再请“小老板”唱戏捐钱。马西园成了名副其实的“马善人”。

马西园经常告诫马连良，天下还有太多太多的人吃不上饭，还有太多太多的人上不了学，我们要尽最大的努力来帮助他们。为了更好地照顾母亲满氏的生活，马连良雇用了一位叫杨二娘的妇女，专门侍奉在母亲左右。时间长了才知道，杨二娘家生活非常困难。她的丈夫是个潦倒的旗人，除了会帮人糊灯笼外，几乎没有什么生活能力。家中还有几个孩子，有一个与马连良同年同月同日生的儿子叫顾桂春，也找不到任何事由儿（北京话：工作、职业）。为了帮助杨二娘，马连良与父亲马西园商议，希望雇用顾桂春给自己跟包。马西园郑重其事地告诉儿子，找“身边人”可是大事，你要对人家这辈子的饭碗负责任，不能无故辞人，要有为人养老送终的思想准备。

马连良把父亲的教诲铭记在心，从此把顾桂春当自己的兄弟一样看待。自从高庆奎忽然失声后，业内人士怀疑高的小茶壶里被人下了“东西”，于是角儿们对此极为重视，马连良的小茶壶从此不离顾桂春之手。除了顾之外，马连良的“身边人”还有管勒头的伊德玉，管衣箱的余国栋，跟包的满广龙、陈德明，检场的凯玉贵。这些人都一直伴随马的左右，直到1955年跟随马连良一起加入北京京剧团。

马西园还经常告诫儿子，我们是贫寒出身，做人不能忘本。你是吃开口饭长大的，在梨园行中能有今天的地位，是师父先生们培养了你，戏班的同人抬举了你。无论何时，只要戏班里有了难处，你都要义不容辞地帮忙。无论何地，都要想着报答先生的恩情。

为演出《秦琼发配》在后台化装，协助者为余国栋

马连良业师蔡荣贵

马连良的业师蔡荣贵曾被尚小云聘请到“荣春社”任教，马担心蔡老年事已高生活有困难，有时就主动接济蔡先生。一次，马连良对蔡说：“先生，我长期出外没能照顾您，这回来我什么也没给您买，这包东西请您收下。”等马走后，蔡先生让徒孙李甫春把小包打开，里面有四根金条。蔡荣贵心中高兴脸上却不动声色地借机教育学生们：“我给他的比这个多，你们要好好学，将来都成马连良！”

1935年，师父叶春善的病情日益加重。马连良因演出合约在身，带着四弟叶盛兰等不得不离开北京。到达演出当地后，认识了一位非常著名的雕刻艺人。于是马连良突发奇想，请老先生在一把拐杖上雕刻一个“百寿图”字。他要把拐杖带回北京送给师父，希望能够助他老人家一臂之力，同时也祝他益寿延年。不想在演出日程进行了一半的时候，突然接到了师父叶春善去世的消息。马连良痛心疾首，执意要回京为师父奔丧，被四弟叶盛兰死死地拦住。马连良只得自设灵堂，手托拐杖伏地痛哭，遥祭师父的亡灵。

1935年夏，为了回族的公益事业操劳了大半生的马西园，终于精疲力竭一病不起。他躺在病榻之上，望着自己的儿子，心满意足；想着操持的事业，问心无愧。窗外，一直不停地下着雨，他看到报纸上写到中原、湖北一带又是水灾不断，他拉着儿子马连良的手，交代着他的临终遗嘱：“不用为我守孝百日，过了四十日（四十日：回族为祭奠亡人举行诵经仪式）就一定要给湖北的灾民唱赈灾义务戏……”马西园8月1日认主归真，马连良隆重地发送了父亲之后，遵照父亲的嘱托，于9月16日演出马派名剧《清风亭》，为湖北难民筹款义演。

1935年8月7日，马连良夫妇与母亲满氏于马西园灵堂

父亲去世之前，家中的财产全部由父亲打理，马连良一概不予经手，也不知道自己有多少钱财。父亲走后，马连良自然成了“当家人”，家里的财务状况着实把马连良吓了一跳，出乎了他的预料。原来，父亲马西园把家里的钱财基本上全部捐给了回民的公益事业，各种董事长、理事长的委任状有十几张，而为马家自己人生活所留下的钱银却是寥寥无几。

父亲走后，马连良始终秉承着老人家的急公好义的精神，为了穆斯林的公益事业不遗余力。特别是后来为了沈阳回民中学、北京穆德小学等教育机构的扩建倾注了大量心血。

1933年马连良为鲁西水灾义演，青岛市长沈鸿烈向其赠送的银质匾额

咱们家来了一“外国人”。

自1919年马连良与王慧茹结婚后，夫妻和睦恩爱，共育萍秋、崇仁、崇义、崇礼、崇智、崇延和莉莉七个子女。王慧茹的父亲是棚匠出身，为有钱人家的红白喜事搭棚造阁，有一副好手艺，人称“棚王家”。王家有两个女儿，分别嫁给了富连成的回回师兄弟马连良和马连昆。王家也是穷回回，当女儿要出嫁时王家拿不出一分钱来做陪嫁。当年马连良尚未大红，家境也很一般，两家人是穷人帮穷人，相互不嫌弃。马连良成名后，于崇文门外翟家口豆腐巷7号置下了一座三进带跨院的宅院，并与父母一起居住，合家团聚，其乐融融。王慧茹的父亲去世较早，马连良就将王家老太太奉养起来。

马连良与夫人王慧茹

马连良与儿女。左起：次子崇义、长子崇仁、五子崇智、长女萍秋、三子崇礼

夫人王慧茹在日常生活中除了守护公婆、照看子女外，同时还要帮助公公马西园打理日常的回民公益事业。除了关照住家周围的回民邻居外，每逢周五“主麻日”要用零钱施舍给乞讨的穷回民，每年还要帮助公公定期筹备舍粥、舍寒衣等事，整天忙得不亦乐乎，被邻居们称为“马善人”。

王慧茹更主要的工作是料理好丈夫的生活。马连良是演员，与普通人的作息时间不一样。晚上有戏时，他下午把自己一个人关在屋里“默”戏。不敢多吃东西，只敢喝点鸡汤，吃个烧饼夹肉点补一下，然后去戏园子。始终恪守着“饱吹饿唱”的职业习惯，晚上回来再吃夜宵。如有朋友前来，在一起聊聊天，马连良经常快到天亮时才能睡觉。为了让丈夫回来后能吃上可口的饭菜，王慧茹经常要在夜间亲自安排消夜，直到看着马连良与朋友们高兴地进餐，她才悄然地回到自己的房中。

当红艺人在外面风光无限，别人只知道包银大把地往家里挣，其中艰辛只有王慧茹这样的人才能体会。当红艺人中很多人都患有“滑精症”，马连良也在劫难逃。因为在上海这样的“大码头”，主演每天都有戏，经常一演一个多月。演员在台上高度紧张、疲劳过度、精神压力太大，故患此症。如果夜里得不到充足睡眠，白天就会精神不振，直接影响到晚上的演出。许多演员之所以出现“塌中”现象，不得不终止钟爱的京剧事业，多与此症有关。为了保证丈夫夜晚睡一个安稳觉，王慧茹有时自己不睡，彻夜盯着丈夫在睡觉时有无做梦、紧张的兆头出现，一经发现，马上把他推醒，驱走梦魇。后来马连良此症痊愈，王夫人功不可没。多年的操劳，使王慧茹积劳成疾，身体变得很虚弱。在1933年的一天，王夫人因拔牙后患“破伤风”突然去世，豆腐巷的院落里被不安的情绪笼罩着。

马连良此时已是中国演艺界的一线明星，每年有一大半的时间都不在北京。上有父母双亲年高体弱，下有七个子女，最小的未满周岁，解决家中“贤内助”的问题迫在眉睫。马连良的第一次婚姻是由父母包办的，现在他走南闯北，见多识广，再搞老一套，恐怕自己也不能接受。

1934年，武汉的友人周三爷与马连良谈及“续弦”问题之时，提到了一个令马连良一直未曾留意的新概念——外交。周说，您现在和十几年前不同了。您是真正的梨园泰斗、须生领袖，地位、场面、接触的人都不同了，交际、应酬是免不了的。恕我直言，您在这方面可没您在台上那么溜，您就是一个字——“戏”，这可不成啊！必须要有个好帮手，您才能再进步。

周三爷做事立竿见影，经他介绍，马连良在武汉与陈慧琏相识。陈生于江苏扬州，后长于上海，年二十四岁。生得身材高挑，容貌出众，是典型的江南美人。她性格温婉贤淑，宽宏仁厚，对内料理家政，得心应手，见多识广，思想开放，办事果敢有决策，待人接物，落落大方。对外能协助马连良交际应酬，是一位难得的多面手。定能补马三爷不足，此人可是难得的“续弦”人选。况且，她又是一个典型的“马迷”，在上海看了不少马连良的戏，最崇拜的人就是马三爷。马连良对陈慧琏顿时有一种相见恨晚的感觉，二人不久就坠入了爱河。马、陈虽然情投意合，很快就到了谈婚论嫁的地步，但此事是否能够被北京的家人接受，却成了一大难题。

陈慧琏的婚纱照

主要的困难有三点。第一，马连良私定婚事，没有与父母商议，恐怕他们不高兴，要慢慢说服；第二，陈慧琏是汉民进回民家门，这在马家可是头一遭，如果父母、老亲戚们不同意，还要再想办法；第三，父母、孩子们都没有思想准备，突然进门，未免唐突。于是马连良请人在北京离家不远的东单麻线胡同租了一所小院，让陈慧琏暂时居住，自己再到父母身边“请罪”。

陈慧琏进京之事果然不出马连良所料，引起了马门上下亲朋好友的一致反对。人还未进门，大逆不道的罪名已经扣在了马连良的头上。母亲满氏顿时气不打一处来，加上老亲戚们在一旁敲边鼓，不由得连珠炮似的责问儿子：“为什么不打招呼就带回北平？为什么不找回民？为什么找了一个信佛教的？为什么……总之，一句话，我们不同意，不许带回家！马家丢不起这份儿人！”马连良跪在地上苦苦哀求也无济于事，只好一边安慰老人，一边解释自己的做法，同时表明了自己的态度。第一，婚姻之事，这次我要自己做主；第二，人已经来北京了，就不能再让回去；第三，保证说服她尊重回民的生活方式。父母和家人什么时候同意，我再让她进咱们家门。

1929年马连良子女萍秋、崇仁、崇义、崇礼于家中合影

马连良毕竟是家里的顶梁柱，父母与老亲们多少还要照顾一下马连良的情绪。不久后双方各让一步，陈慧琏被允许进门料理家务，还要暂时住在麻线胡同，处于被“考察”阶段。老太太也松了口，但要求儿媳妇皈依伊斯兰教。还有人提出让陈喝一种碱水洗肠子，才能进门，马连良坚决不同意，他说：“这种做法不人道。”就这样拖了一段时间之后，在没有改变陈慧琏宗教信仰的前提下，马家门里首宗与异族之间的婚姻终于被认可了。这位新三奶奶一进门就立马给人一种焕然一新的感觉，发型、服饰、言谈举止、思维方式都让人觉得有一种与老北京回民家庭格格不入的海派气息。

首先，马连良的生活被“管制”了起来。马连良出门应酬时经常西服革履，有时回家太累就把领带松开，西式衬衫的领口、袖口解开，把下摆从裤子里拉出来，躺在沙发上休息一会儿，觉得这样很放松。陈慧琏就劝导丈夫，“三爷，您这种习惯不好。穿什么衣服有什么讲究，您这个样子如果被外人撞见，传出去多不好啊。特别是在上海、汉口等大码头，住在公寓里，周围都是有头有脸的人物，更得注意自己的形象。这世道就注重这些，您别嫌麻烦，我马上帮您换一身中式的衣服不就行了嘛！”

另外，陈慧琏认为马连良是广大观众心中的偶像明星，明星就应该有与常人不一样的生活。她力劝马连良购买汽车，马连良认为这样太“扎眼”了，北京当时街面上就没有什么私家汽车，梨园界有汽车的人更是凤毛麟角。陈慧琏却说，如果您的衣食住行和一个二三路角儿的基本一样，先别说那大上海来的邀角儿人看了会怎么想，您走在马路上被“座儿们”见了怎么想，您在人家心中的位置就会大打折扣，人家认为买您的票不值！

马连良的儿子们以前都在马西园任校董的西北清真二小读书，陈慧琏主持家政以后，逐渐改变了孩子们的培养计划。一天，她发现已经被送入富连成科班学戏的五子马崇智（艺名马元智）头上长了许多疮癣，马上告知了马连良。马连良认为这在科班很正常，陈慧琏却不能接受，她首先觉得科班的卫生条件太差了，不能让马连良小时候吃过的苦再轮到孩子身上。更重要的是如果外人知道马老板的儿子长了一头疮癣，对马的影响极为不利。于是在她苦口婆心地劝说之下，马连良把马崇智召回了家中。

《除三害》马连良饰王浚，五子崇智饰周处

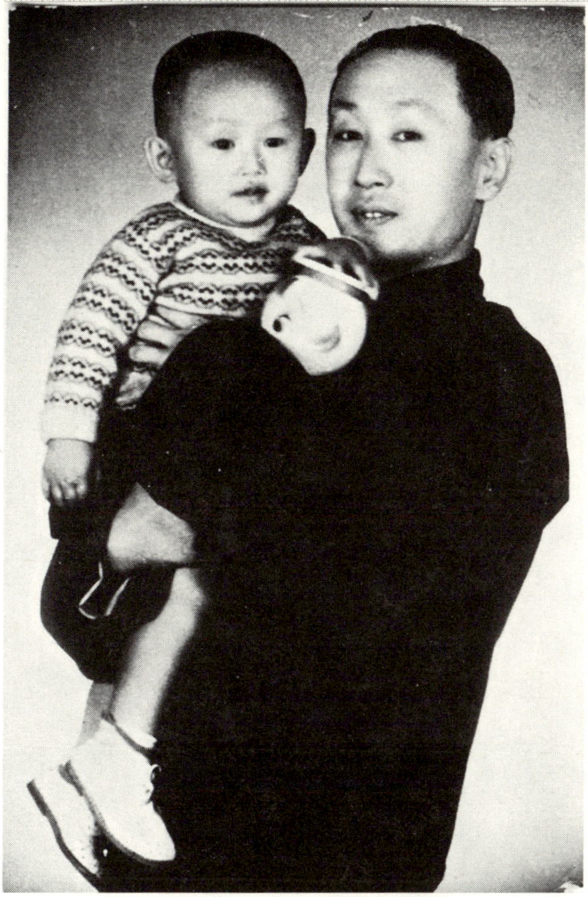

马连良与幼子崇恩

为了让孩子们受到良好的教育，在陈慧琏的建议下，马连良的几个儿子都被送入了教会学校——育英。育英是当年的贵族学校，自然科学及英文的教育水准是一流的，同时这里的学生多数是军政界、工商界子弟。要想让孩子们成材，首先要让他们有开阔的眼界、广泛的朋友，不能总守着回民的圈子转。虽然那时北京汽车很少，但育英学堂的门前一早一晚总是车水马龙。没有汽车接送的学生，总会遭到他人的白眼与蔑视。为了让孩子们在学校里有尊严，陈慧琏让司机每天用汽车接送他们上下学，中午在"东来顺"包饭。马连良知道此事后，才明白夫人要求自己买车有更深一层的心机。

为了照顾好王慧茹的老母亲，陈慧琏让自己的哥哥、嫂子与王老太太一起住在安福胡同的一所房子里，也算替马连良尽了半子之劳。人人都说王老太太好福气，有了马连良这么一位好女婿。总之，马夫人所做的一切都是为了马连良。另外，马夫人有一种特殊的亲和力，很快就与梨园界的同人及其家属打成一片。同人们有了家长里短的大事小情，或者是有了什么过不去的槛儿，只要请马三奶奶出面就能摆平。在北京梨园界提起这位马三奶奶，没有不佩服的。

马连良的生活一步步逐渐地安定了下来，他与陈慧琏共育崇政、静敏、崇恩及小曼四个子女。陈慧琏新派的举止行为令马家老亲刮目相看，虽然他们一时对陈还难以全盘接受，但还是半开玩笑半认真地说："嘿，这倒好，咱们家来了一外国人！"

“马家班”难搭

在扶风社初创阶段，马连良为了能够更好地实现自己的各项宏伟蓝图，要求剧团内部必须要上下一心。因此，扶风社的组成是以“马家班”为基础的。马连良的六叔马沛霖在上海时是有名的“戏包袱”，回京后聘请他为后台的大“坐中”（舞台监督），统管戏码的安排与人员的调度。马沛霖年迈后，马连良让自己的堂弟马四立接替。这叔侄二人都是丑行出身，不但会戏多，而且工作严谨、细致入微。

每次出外演出之前，都是马四立去打前站。一次他到苏州与当地的龙凤大舞台接洽，把孙柏龄老板的服装道具“审查”了个够，暗自称赞比上海一些大戏院的“官中”行头还讲究，但是还是鸡蛋里挑出了骨头。马四立认为人家的官印包得不好看，不是马派的包法。孙家人说，这东西在桌上放着，谁会留意？马四立说：“不行，我们角儿有要求。”

《范仲禹》马连良饰范仲禹，马富禄、马四立（左）饰二公差

马连良的堂兄马春樵是上海小金台科班出身，工武生红净，尤其擅演勾脸武生剧目，如《铁笼山》、《艳阳楼》、《白马坡》等。当马连良还在科班学艺时，马春樵已是集南北技艺于一身的知名演员了。他把《四平山》这出京派经典剧目在上海首演，令沪上观众对其大为赞叹。他在扶风社中是个"能派"演员，是马连良的左膀右臂。自加入春福社后，一直辅佐马连良。除了在中轴饰演武戏外，马派的早中期代表剧目如《白蟒台》、《要离刺庆忌》、《祭泸江》、《假金牌》等均有参演。

《金雁桥》马春樵饰张任（左），马春甫饰张飞

《八大锤》马君武饰陆文龙

其子马君武子承父业家学渊源，与父亲一起在扶风社任当家武生，更是不可多得的人才。马君武相貌出众扮相英俊，长靠短打无所不能。常演《长坂坡》、《恶虎村》、《八大锤》等拿手戏，特别是他以一出独有剧目《金堤关》享誉南北，在台上舞动双锤出神入化，无人企及。这父子二人还担任着给马连良的长子马崇仁开蒙的工作，每天清晨爷仨儿一起练功，从不间断。马崇仁后来走武生花脸的路子，马春樵是他的引路人。

曾有许多演员希望加入扶风社，但大家一致认为"马家班"难搭。所谓"打仗亲兄弟，上阵父子兵"，有这几位马氏能人在前面为马连良护航保驾，如果过不了他们的关，自知艺术造诣不相匹敌后，就知难而退了。即使有个别人暂时过了关，但也未必能持久地合作下去。因为马连良对艺术追求完美，有些人却承受不了这种完美。所谓"马家班"难搭，是有其内在必然原因的。

当时有一名票友出身的花脸演员，形象、嗓音都不错。加入扶风社后，先安排他在中轴单独唱了几出，如《草桥关》、《忠孝全》等，台下反应非常好。管事的认为可以"见角儿"了，于是在马连良主演的《马义救主》中安排他演文太宰。没想到这位"太宰"往台中间一站，只见扶风社的龙套们饰演的兵丁一个个横眉立目、活灵活现、精神饱满、神气十足，如同时光倒流的真事一般，这样强大的阵势顿时把"太宰"给镇呆在了台上。由于他从未见过这样的场面，加之自己的气度较弱，平时极冲的嗓子，竟然被"镇"得一字不出。还没"见角儿"，就出了问题。

所谓"见角儿"，即演员在舞台上与主演马连良有"对手戏"。这种演员的戏份都比不见角儿的多，但对演员的要求也高，不是一般的演员可以胜任的工作。有些演员只要与"角儿"的目光一对上，他立马就六神无主，把台词顿时忘得一干二净，这样的人物在戏班中大有人在。所以旧时的戏班都认为"角儿"不是一般人，他们身上都有神灵附体。

除了家人的辅弼，自扶风社成立伊始，马连良即坚信"红花还需绿叶扶"的道理，要求所有配角演员及龙套都必须是第一流的，只有这样才能真正呈现给观众最为完美的艺术。这一时期，扶风社的五大主演马连良、张君秋、叶盛兰、刘连荣（后为袁世海）、马富禄，被广大观众誉为"扶风五虎"。

而当时的京剧班社基本上是挑班的大角一枝独秀，对配角、龙套等没有要求。针对这一现象，著名剧评家徐凌霄先生的一篇随笔曾指出："戏剧大班已走向畸形化，只在主角一人有发展，这个病态很妨碍戏剧的演进。所以要戏剧的进步，第一要从科班入手，要使他们均等化。"

《群英会》马连良饰诸葛亮，徐凌霄饰鲁肃

马连良在1936年《实报半月刊》上对徐文发表感言，以示其不仅要"独善其身"，而且还要"兼济天下"的意志与决心。他在《演剧近感》中写道："我阅读凌老之文，也深自惭愧，为什么大班不易改革，要从科班入手呢？大班实在病已沉深，不易医治了吗？我羞耻这层，我首先响应了徐先生。同时，我还呼吁着所有同人，体会这层而加改善。因为你们的生命线前途，有因此斩断之虞啊！"

《乌龙院》马连良饰宋江，于连泉饰阎惜姣（中），马富禄饰张文远

在“扶风五虎”中，除张君秋外，均为富连成的师兄弟，其中马富禄与马连良合作时间最长。他十岁时转入喜连成，排“连”辈，习丑行，兼学老旦。因“富禄”比“连禄”响亮，萧长华先生就给改了名。此后果然名声大振，其嗓音天生嘹亮、清脆响堂。据他本人讲，好像就不知道什么叫“倒仓”。加之表演动人火炽，语言风趣幽默，因此在台下很有观众缘。在坐科期间，他经常与马连良合演《法门寺》、《审头》、《胭脂褶》等剧目；在马连良二次入科时期，两人合作的剧目就更加丰富多彩了，如《焚绵山》、《三字经》、《天雷报》等，使富社“二马”的声名鹊起、成就彪炳。

马连良与马富禄可以说是合作了一生的艺术伙伴，长达半个世纪之久，直至“文革”之前。在艺术上惺惺相惜、相互依靠，是维系他们之间的友谊的重要纽带。另外还有一层特殊的关系，即马富禄是马连良母亲满氏的义子，又使“二马”之间增加了许多亲情的成分。

在扶风社时期的马派代表剧目中，“二马”的合作可谓珠联璧合、出神入化。特别是《四进士》中的万氏、《清风亭》中的贺氏、《胭脂宝褶》中的金祥瑞、《打渔杀家》中的教师爷等角色，非马富禄莫属。当时也曾有与马富禄旗鼓相当的大丑，饰演过这几个角色，内外行均认为无出其右者。

而深研马派艺术的一些内行人士，则异常佩服“二马”合演的《全部范仲禹》。在该剧中，马富禄在“问樵闹府”中饰樵夫，在“阴差阳错”饰屈申。特别是他们二人在“问樵”里的大段舞蹈表演，如同在舞台上用身体勾画的一个大“太极图”，纵横捭阖、舒展有致，使观者目不暇接、大呼过瘾。

许多内行为了学习“二马”的这一演技，光明正大地到剧场“捋叶子”，竟然均不能得其要领。以至后来马连良弟子言少朋上演此剧，居然找不到一个熟悉“二马”戏路的丑角演员与之配戏。只好让师弟迟金声反串丑行，才能把这个马派的“太极图”圆满完成。由此可见马富禄的艺术功力。

《胭脂宝褶》马连良饰白怀，马富禄饰金祥瑞

另一个“连”字辈的师兄是刘连荣。刘幼年在外江学戏，十五岁转入富连成。曾习老生、武生、武净，又学演了许多二路、配角的剧目，其成长经历与马连良有许多相似之处，因此二人有许多共同语言，彼此在坐科期间就相交甚厚。刘连荣“倒仓”之后，嗓音日渐洪亮，叶春善刻意将其向大花脸方向培养，果然不负众望。在富社拿手大戏《三国志》中能演曹操、黄盖、张飞等花脸主要角色，显示出他在架子花脸方面深厚的功力。

《过巴州》马连良饰严颜，袁世海饰张飞

《武乡侯》马连良饰诸葛亮，刘连荣饰郑文

马连良的马派剧目中，许多做工老生戏必须有一个与之功力匹敌的架子花。1929年郝寿臣离开以后，最好的合作伙伴就是刘连荣。由于刘连荣于1930年曾随梅兰芳出访美国，为梅先生所倚重，回国后他同时搭两个大班，即马连良的扶风社和梅兰芳的承华社，马刘二人合作了大约十年的时间。

一次，马连良与未出科的袁世海演对手戏，发现这个小伙子不但很有郝寿臣的意思，而且敢于用眼神与他交流，十分入戏，于是非常喜欢并留意袁世海。1940年袁世海拜师郝寿臣后，郝先生将当年与马连良合作时期的架子花脸应工的角色悉数传给了袁世海，如《白蟒台》之马武、《夜审潘洪》之潘洪、《四进士》之顾读等。不久，袁世海加入扶风社。

叶盛兰是马连良老恩师叶春善的四子，在富连成中先习旦角，因英气有余、柔媚不足而改习小生。由于叶本人天资聪颖，又是叶春善社长的儿子，因此在科内把他当做重点培养的对象。不仅独擅雉尾生、武小生，而且官生、巾生、穷生俱佳，是不可多得的小生全才。

叶盛兰未出科即被马连良相中，出科后又拜程继先为师，艺乃大进。于是马连良前往富社征求师父叶春善的意见，此时叶先生已患病，知道爱徒的意思之后，心里十分高兴。在病榻之上一手拉着马连良，一手拉住叶盛兰，深情地对马连良说："温如啊，我把老四就交给你了，你要好好地拉帮他！"从此，叶盛兰正式加入扶风社。多年以后，马连良每每想起此事，总是觉得师父当年颇有"托孤"之意，他必须善待盛兰。

在以后二人的合作中，可谓红花绿叶相得益彰。特别是《群英会》中的周瑜、《打侄上坟》中的陈大官、《八大锤》中的陆文龙，非叶盛兰莫属。马叶二人在舞台上互相刺激、彼此映衬，他们的合作很快步入了出神入化的境界。在《楚宫恨史》中二人有一段关于密报消息的默剧表演，内行称之“咬耳朵”，无唱无念全凭两人精湛的面目表情与身段动作。每演至此，观众必报以热烈的彩声，得到了极大的艺术享受。叶盛兰已成为马连良不可稍离的合作伙伴。

在“扶风五虎”中，只有张君秋不是富连成出身。在马连良的毕生演艺生涯中，张君秋是与马连良合作时间最长的旦角演员。他13岁拜李凌枫为师，学习青衣艺术。16岁即被北京《立言报》推选为“四大童伶”，后成为“四小名旦”之一。

张君秋天生一副金嗓子，扮相清丽，为马连良所赏识。1937年张加入扶风社，并于当年5月与马连良一起赴上海演出。马连良为了提携这位青年才俊，请黄金大戏院方面极力推介张君秋，让张君秋与他同挂双头牌，顿时让上海观众对张刮目相看。在与马连良合演的生旦“对儿戏”里，既能烘云托月，又能施展个人所长。像马张二人合演的《苏武牧羊》、《三娘教子》、《桑园会》、《二堂舍子》等剧，深受广大观众的热烈追捧。

《打侄上坟》马连良饰陈伯愚，叶盛兰饰陈大官（右），李洪福饰陈志

《安居平五路》马连良饰诸葛亮，叶盛兰饰刘禅

《桑园会》马连良饰秋胡，张君秋饰罗敷

《摘缨会》马连良饰楚庄王，张君秋饰许姬

马连良有“扶风五虎”这样的强大阵容，扶风社所到之处锐不可当，艺术成就有了突飞猛进的发展。加上“京胡圣手”杨宝忠、“鼓界三杰”之一的乔玉泉的加盟，名净马连昆、名丑茹富蕙、硬里子李洪福以及后来的青年才俊李慕良、袁世海、李玉茹等人的辅佐，扶风社更加如虎添翼，迅速走红大江南北，享誉长城内外，成为中国第一流的剧团。

马连良与义女李玉茹

《乌龙院》马连良饰宋江，李玉茹饰阎惜姣

《苏武牧羊》马连良饰苏武，李玉茹饰胡阿云

第4部

壹玖叁捌~壹玖伍壹

风起云涌

1938-1951

想到在大陆时风光无限万人争睹，如今在香港却孤苦伶仃孑然一身，望着苍茫而诡谲的大海马连良时常慨然自叹大有零丁洋里叹零丁，生死飘摇雨打萍之感

1937年是令中国人民难以忘怀的一年。自1928年定都南京后，军阀混战的尘埃落定。人民经过了近十年的休养生息，国民经济刚刚步入发展的轨道。整个社会正在除旧布新、蒸蒸日上。中国的思想界也迎来了难得的繁荣，文化事业无论是学术成就还是个人地位都得到了空前发展，这一时期被称为中国文化的“黄金十年”。京剧艺术领域也不例外，特别是马连良和他的扶风社，处于一个艺术的上升期，正准备大刀阔斧地成就一番作为。

1937年4月上海黄金大戏院老板金廷荪与北平京剧界名角合影

1933年马连良在自己投资的马连良灌音制片社内留影

马连良与友人在北戴河海滨

马连良与埃及学者于豆腐巷家中合影

北京的戏院多集中在正阳门外、前门大街两侧，许多都是由前清的茶楼、茶园逐渐演变而来，已经落后于时代。向来与时俱进的马连良早就留意到这个问题，他的剧本、音乐、服装、道具等经过不断的改革创新，已经形成了典型的马派风格。如果再有一所固定的演出场所，这样就可以一展自己才华，使马派艺术更加尽善尽美。

为了有一个能够充分展示自己艺术才华的基地，马连良与富商萧振川，华乐戏院经理万子和等人合股，在西长安街南侧，西单与六部口之间，兴建了北京地区，乃至华北地区一流的现代化剧场——新新大戏院。从建筑设计、内外装修、辅助设施到经营方针，都以马连良和万子和的意见为主。因为他们一个是走遍大江南北的名伶，一个是经营戏院多年的老板，都是经验丰富的专家，如今自己开戏院，自然是扬长避短，以服务观众和便利演员为目的，来争取营业的繁荣。

只要不去外地演出，马连良几乎每天下午都在工地，朋友们找他，都知道打电话80011到“新新”。为了了解美国剧场情况，他看了五遍电影《威尔逊总统传》，里面有许多在剧场内演讲的镜头，可以有些感性认识，作为“新新”的参考。他自己还设计了一个两颗心形的铁艺图案，挂在戏院外墙的两侧，既表示“新新”的谐音，又表示马连良与观众心心相印之意，十分别致。正门上方镶嵌着一个三环形的徽标，三环内写着马连良三个大字，中心位置是“扶风社”三个字，标志着这里将成为马剧团永久性的演出场所。

戏院的外墙由里出外进的耐火砖装饰而成，老百姓称之为“疙瘩楼”。戏院门前要求可停放几十部汽车，即使车水马龙，也不致交通阻塞。院内前厅有一大型衣帽间，便利观众冬季存放大衣。戏院内部座位，楼下散座呈扇面形辐射式，地面前低后高，舞台宽广，就是楼下最后一排，最边上的位置，也能看到整个舞台。楼上有两层包厢，包厢内有小灯和电铃，一按铃就有茶房前来送水，这在当时十分先进。包厢后是散座，整个戏院共有1413个座位。

在舞台的下面地下室里，可以存放衣箱、把子、彩匣、梳头桌等，用于一般演员化装、扮戏，场地极为宽敞。几十个人同时扮戏，互不妨碍，十分方便。在舞台后面，有数间大小不等的化装间，为角儿们所使用。如遇大型合作演出及大义务戏，房间也足够。室内设有挂行头的专门衣架，供临时休息的沙发床，特别还增设了可以洗浴的卫生间，让累了一晚上的大角儿可以沐浴之后，舒舒服服地回家。

为了新新大戏院的开幕，马连良隆重其事地特制了一幅舞台上用的幔幕，戏班人称“守旧”。这次他专门请金石影拓专家张海若先生设计了以秋香色为衬幕，上面绣蓝色的车马人，图案来源于“汉武梁祠”中石刻壁画，作为舞台最正中的幔幕。两侧二层边幕及台上桌围、椅帔等均为同样图案，前面加有一层檐幕，檐幕有杏黄色穗子，下悬五个小型宫灯。这堂“守旧”布置以后，舞台氛围顿时古色古香，充满中国文化韵味。开幕当天大幕拉开之后，观众立马被如此新型的“守旧”所吸引，人没上台，大家先给“守旧”叫了一个“碰头好”，这也是中国京剧史上的一个“第一次”。从此，“车马人”图案也就成为“马派”艺术的标志。

1937年3月7日，新新大戏院正式开张。马连良与他的京剧界同人激动的兴致尚未消除的时候，四个月之后的7月7日，日寇在卢沟桥打响了入侵北京城的断魂枪。从此，中国人民开始了一段从天堂坠入地狱的苦难生活。

马连良与新新大戏院股东、员工合影

《借东风》马连良饰诸葛亮
诸葛亮：耳听得风声起从东而将，为什么有一道煞气红光
拍完这张剧照后不久，北平被日寇占领

每年的七八月份，正是北京如下火一般的盛夏季节。按照以往的规矩，各大戏班这时都将正常演出的场次相应减少，有的甚至不演，以减少体力的过分消耗，到了九十月份再陆续恢复正常演出，业内称之为“歇暑”或“歇伏”。这一阶段，角儿们的生活自然不会受到什么影响，可普通艺人的生活就捉襟见肘了。如果不“闹日本”，大家的日子勉强还可以维持。卢沟桥开战之后，人心惶惶不可终日，买卖店铺都关张歇业，老北京人都过着有今儿没明儿的日子，谁还有心思有闲钱出门看戏呀！艺人们的生活彻底没了保障。

此时北京的京剧界，有杨小楼、马连良、谭富英、李万春、李盛藻、尚小云、程砚秋、荀慧生、金少山、富连成（叶盛章领衔）等十大班社。不计其他中小型班社在内，约有从业人员近千人，靠他们供养的家小则有数千人之多。艺人除了会唱戏，没有其他技能。为了维持这数千人的生活，他们不得不继续开台。如果按照战前的票价营业，根本就不上座。于是角儿们都同意打出“维持同业特别减价”的招牌，即把平时的票价打5－6折，收上来的票款分给普通艺人去维持生活，角儿不拿钱。同时，为了吸引观众，大家都使出了浑身解数，上演“生平第一拿手佳剧”。

《串龙珠》马连良饰徐达

为了能够维持日渐衰弱的上座率，各个班社不得不各出奇招。以前京朝派根本不接受的机关布景彩头班突然活跃起来，更有一些不堪入目的节目出现在中小班社的舞台之上，而大型班社则把注意力集中到剧目创新上，用以招徕观众。

这一时期，山西梆子正活跃于北京舞台。其中女须生丁果仙，艺名果子红，是一名以唱工见长的名家，她的一出代表作《五红图》深深地打动了马连良。该剧反映元朝时徐州王完颜龙实行残暴统治，徐州百姓在徐达的率领下揭竿而起的故事。因戏中徐达、郭广庆、康茂才、侯伯清、完颜龙五个角色都勾红脸，梆子称此剧为《五红图》，又名《反徐州》。

《串龙珠》马连良饰徐达

马连良与丁果仙表明希望改编《五红图》后，丁果仙欣然应允。她的唯一要求就是希望马连良向她传授马派名剧《四进士》，二人一拍即合。于是，马连良与著名编剧家翁偶虹、吴幻荪商议。翁吴两位是知识分子，顿时觉得此剧的改编极具现实意义，是一出号召人民反侵略、反压迫的好戏。由此可见，在日寇的黑暗统治之下，一向谨小慎微的马连良对剧目的选择并非只考虑艺术上的追求，他的拳拳爱国之心可见一斑。不久，改编成功的马派新剧《串龙珠》问世。

《串龙珠》马连良饰徐达，袁世海饰完颜龙

为了造成轰动效应，吸引观众的注意力，马连良把已经基本息影舞台的老搭档、著名的架子花脸大家郝寿臣请出山门，饰演凶狠暴戾的完颜龙，自己饰主角徐达。1938年4月23日，《串龙珠》首演于新新大戏院。演出之前在报纸上做了连篇累牍的宣传，特别是在马连良自己所写的《我为什么要演串龙珠》一文中，直抒胸臆地表白了他的爱恨情仇。

他写道："我觉得这出戏无论在情节方面、技术方面，都超过了以往各戏。这出戏写人类的善恶、残忍、忌妒和受冤受苦的呼吁，与夫慈善者的博爱，拯溺济危，两面心理的矛盾。若表演出来，一定予观者极大的冲动，而博得极大的同情。"果然，正如马连良所预料的那样，首演当日即造成了极大的影响。在场观剧的日本特务立即向日伪当局进行了报告，认为《串龙珠》是一出煽动民众反抗日寇统治的剧目，必须禁演。第二天一早日伪当局即发出一道禁演令，《串龙珠》惨遭封杀。原本24日连演一场计划，也被迫取消，马连良与扶风社的同人们对此愤懑已极。

日伪当局在封杀《串龙珠》的同时，对这座现代化的新新大戏院也产生了觊觎之心。他们不希望"新新"成为煽动抗日的中心，却希望"新新"成为宣扬"大东亚共荣"的据点。"七七事变"后，虽然日寇占领了北平，但日本人明白，尽管他们占领了中国人的土地，却不能征服中国人的心灵。因此，他们要在文化领域内对中国人民实行奴化教育，好让他们心甘情愿地效忠日伪当局。最简单、直接的办法就是放映日本电影、伪满电影以及日伪当局摄制的宣传片，于是他们的魔掌伸向了新新大戏院。

日伪当局多次与马连良、萧振川、万子和交涉，希望在高额报酬的诱惑下，三人能够同意出让新新大戏院。马连良对此断然拒绝，认为此议根本没有什么商量的余地，就是搬来一座金山，也不能出让。"新新"的一砖一瓦、一桌一椅都凝聚着马连良等人多年的心血与汗水，根本就不是金钱所能买动的。在被多次拒绝以后，日伪方面使出了他们惯用的强盗手段。他们趁马连良在外地演出期间，把萧、万二人找来"谈判"，用手枪顶着两人的脑袋，逼迫他们签下了"枪下之约"。就这样，一所马连良和京剧界同人以及广大观众所钟爱的大戏院，被日寇强行霸占。马连良回京知道此事后，郁郁寡欢欲哭无泪。每次路过"新新"的时候，都不忍对它多看一眼，它仿佛就像自己的一个亲骨肉，被强盗掠去做了奴隶。

解放以后，这座电影院改名为首都电影院，在北京的所有影院中一直占据着"王者"之位，它又见证了新中国电影事业半个多世纪的辉煌。

《春秋笔》横空出世。

向晋剧名家学习《蹬打石雷》后留影，马连良饰秦琼

1938年前后，许多山西梆子名角晋京献艺，因其艺术质量高于当时的京津梆子，受到了北京观众的欢迎。特别是京剧界有识之士的关注，对山西梆子艺术地位的提升，起到极大的推动作用。马连良在观摩山西梆子之后发现，虽然京剧有“国剧”的崇高地位，但作为京剧人却不能以“老大”自居。山西梆子中有许多技艺值得我们借鉴，应该借此机会认真学习。于是，马连良与程砚秋、翁偶虹、吴幻荪等人发起，请山西梆子戏班上演濒于失传的经典剧目《春秋笔》等。由名角张玉玺、李子建主演，除公开售票外，遍邀京剧名家前往捧场。特别邀请富连成科班和中华戏校的学生前来观摩学习，希冀打开他们的学习思路，使他们懂得“他山之石可以攻玉”的道理。

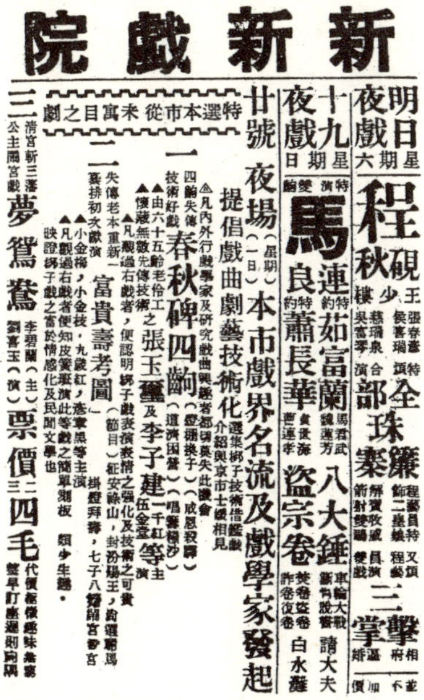

新新戲院

明日夜戲 星期六
程硯秋
王少樓 張春彥 侯喜瑞 慈瑞泉 吳富琴 合演
特煩全部珠簾寨
又煩程硯秋三擊掌

十九夜戲 星期日
特演 變齣 馬連良
特約茹富蘭 特約蕭長華
八大錘
盜宗卷
請大夫
白水灘

廿號夜場（星期一）本市戲界名流及戲學家發起
提倡戲曲劇藝技術化 選集梆子技術借鑑 介紹與京市士紳相見
特選本市從未寓目之劇
一 春秋碑四齣
二 富貴壽考圖
三 夢鴛鴦
票價二三四毛

1938年山西梆子名家在新新大戏院的演出广告

新新大戏院是当时北京最高档的剧场，马连良等名家的票价在1元至1.2元的水平，剧场的场租要占票价的三成。而山西梆子的最高票价只能卖到4角，就算满堂的收入也不够支付场租的费用。为了让山西梆子在“新新”首演，马连良作为“新新”的股东，起了决定性的作用。马连良认为，只有在“新新”演出，才能让山西梆子的艺术地位受人瞩目，同时也能够表示他对这些远道而来的老艺术家的尊重，而金钱的损失则不能与之相提并论。

在与山西梆子艺术家的交往中，马连良与高文瀚、张玉玺、丁果仙等成为非常要好的朋友。看过张玉玺的《春秋笔》后，马连良立即有了把它移植为京剧的念头。他虚心地向张玉玺请教这出戏的演法，使张大为感动。于是对马连良毫无保留地倾囊相授，并对马连良说：“要想把这出戏学透，我必须给您请高文瀚先生，他说得更好。”

高文瀚，艺名老说书红，有四五十年的演艺历史，是年逾花甲的老生名家。山西梆子以唱工为主，而他的嗓音壮年时已失润，以念白见长，而且功力深厚。听其念白，如同说书一般，故而得名。其艺术地位如同京剧界的贾洪林，深得业内人士尊敬。马连良与之见面后激动不已，因为自己是贾洪林先生的学生，今天又与山西“贾洪林”结识，颇有相见恨晚殊途同归的感觉。为了将这段友谊记录下来，马连良聘请摄影师在“新新”后台为自己和高、张二人合影留念。

最早发现山西梆子《春秋笔》值得改编，而且适合马连良的表演风格的人是马连良的文人好友李亦青。他在1935年时就与马连良一起探讨过此事，马连良也对《龙灯赚》（《春秋笔》）有深刻的印象。他早就收藏了昆曲《龙灯赚》的老剧本，在科班时也曾经向师哥们“剽学”过其中“杀驿”的片段，因不是实授，故不敢贸然将其搬上舞台，但一直对该剧抱有高度的创作冲动。后因李亦青远游，改编之事暂时搁置。

《赠绨袍》马连良饰范雎，张玉玺（狮子黑）饰须贾

马连良在后台化装

四年之后，在张玉玺、高文瀚、翁偶虹、吴幻荪的帮助下，终于有了京剧剧本的雏形。1938年9月，马连良的扶风社应邀赴上海黄金大戏院演出。这时，李亦青也赶到了上海。在演出之余，大家又一起投入到了紧张的创作之中。因为此时的时代背景已与四年之前大不相同，所以这次的创作意义和高度也自然不一样了，可以概括成为八个字“舍生取义、共御外侮”。

在借鉴山西梆子的基础上，马连良为戏中张恩设计了许多别开生面的新身段，在京剧里以前是根本没有的。为了练好在听到“张恩转来”时的一个原地180度转身下跪、同时水袖在头顶翻转360度的身段，马连良在家中苦练了多次，总是不满意。于是找来两个板凳放在两腿旁边，转身后必须让双腿迅速跪于两凳之内。两个膝盖不知在板凳上磕碰了多少次，练到满意时膝盖已经磕得完全青肿。

《春秋笔》马连良饰张恩

《春秋笔》虽然是一出以做工为主的剧目，没有安排大篇幅的唱段，但马连良对每一段唱腔的设计都参与其中，要求起到精益求精、画龙点睛的作用。其中［西皮流水］的“未曾开言泪汪汪”、［反西皮原板］的“见公文把我的三魂吓掉”，均成经典名段。特别是在“唱筹量沙”一折中，马连良为王彦丞设计了一段优美的昆曲唱腔。在座的文人朋友都大为惊诧，曲子与京剧里常用的曲牌不同，谁也不知马连良的创作出处。马连良说：“我年轻时参加梨园公会的祭神活动，在那里学的‘拜神曲’，现在已很少人会唱了。我在这个基础上，重新改编填词而成。”

抗战开始后的上海与其他沦陷区不同，因其辖区内有中国管理的“华界”、法国管理的“法租界”、英美等国管理的“公共租界”、日本管理的“日租界”，人称“五国四制”。黄金大戏院位于西洋人管理的租界内，当时日本人尚未与欧美等国宣战，其势力尚不能染指“黄金”。

1938年10月5日，又一出马派名剧《春秋笔》在上海“黄金”横空出世。马连良前饰张恩，后饰王彦丞。其余“扶风五虎”悉数上阵，外加芙蓉草、盖三省等沪上名家的助演，《春秋笔》一炮而红，顿时震惊了上海滩。广大观众蜂拥而至，争睹《春秋笔》。该剧可以称得上是马派做工戏的一座高峰，如果说当年《假金牌》是一颗划破夜空的流星，《春秋笔》则可被称为一颗璀璨夺目的恒星，在京剧艺术的历史上光前裕后。

不久，《春》剧的发起人李亦青去世。马连良肝肠寸断痛不欲生，为了纪念亡友，马连良在《春秋笔总纲》的首页上亲笔作了题记，“此剧由亦青发起……民国廿七年十二月亦青去世，可惜，哭友！”在“可惜、哭友”两字的后面，马连良书写了两行省略号，表示他还有许多话没有对李亦青说完，表示他为痛悼亡友洒落的点点珠泪……

《春秋笔》马连良饰王彦丞，张君秋饰王夫人

《春秋笔》马连良饰张恩，叶盛兰饰程义，马富禄饰驿卒（左）

马连良跳河自杀。

《临潼山》马连良饰李渊

1939年，马连良在老师萧长华的建议下，复排失传老戏《临潼山》。该剧描写隋炀帝追杀李渊，秦琼救唐王的故事。马连良为了通过此剧展示自己武老生的功底，还特意定制了一套“龙虎靠”。该靠是在山东衍圣公府参观其私家戏班行头时发现的，方形靠旗的甲靠与通行的形制大不相同，与《缀白裘》图中的一模一样，觉得新颖别致，于是决定仿制一套。虽然大家在各个方面都做了努力，但因剧本的编排未能突出马派特色，演出效果不是很理想，于是只得“挂”了起来。

这一时期，马连良的创作之路开始渐渐地走入了瓶颈。根据《老残游记》改编的《铁铃串》不甚理想，根据韩擒虎招亲的故事编写的《全家福》不合时宜，《庄子》等作品因为不成熟而未能搬上舞台。马连良的心情十分烦闷，这时又发生了一起令他极其不愉快的事件。

一天，在天津中国大戏院演出《八大锤》，马连良饰王佐，叶盛兰饰陆文龙，马富禄饰乳娘。阵容十分硬整，戏票很快销售一空。“王佐”上场后就得了碰头好，一段“听谯楼打初更玉兔东上”也唱得痛快淋漓，马连良有些神采飞扬，“断臂”一折演得很圆满。马连良回到后台脱了青褶子换襕衫，为下一场“说书”做准备。因前一天演出《要离刺庆忌》，要离断的是右臂，负责扮戏换行头的余国栋习惯性地把马连良的右臂绑在了襕衫之内，而忘了王佐应该是断左臂，马连良自己也没有在意。

上场之后发现台下有人不时地议论纷纷，凭马连良多年的舞台经验知道一定是出了问题，于是在台上偷偷地问马富禄怎么了？马富禄说，你膀子绑错了。马连良这一惊可非同小可，只是干着急没有办法。这时台下个别观众的倒好就上来了，马连良顿时觉得颜面尽失。想不到一个对艺术要求到了苛刻的人，自己却在不经意间栽了跟头。

《临潼山》马连良饰李渊，叶盛兰饰魏武通

倒彩声不但提醒了马连良，也使台上的叶盛兰、马富禄紧张到了极点。因为他们都是马连良的左膀右臂，一起共事多年，他们知道马连良没受过这种倒彩，怕他承受不起。一旦起哄捣乱的人占了上风，剧场里的氛围就会发生质的变化。如果马连良情绪失控，不但马个人的名誉扫地，扶风社也将偃旗息鼓，从此退出“江湖”。于是，叶盛兰、马富禄使出浑身解数，卯上了十二分的气力。马连良也在他们的感染之下，极快地调整了情绪。三人齐心协力，凭着他们高超的艺术以及马连良多年的人缘，硬是把倒好给压了下去，演出平静地结束了。

这件事对扶风社来说是多年不遇的重大事故，后台人人都十分紧张，不知将要发生什么事。余国栋是位尽职尽责的人，见到马连良后非常懊悔地说：“三爷，我没脸再跟着您了，我走人。”马连良虽然情绪低落，但始终没有把责任推到余师傅身上，他认真地说：“这都是我的错，您千万不能走。我在哪里跌倒的，就在哪里爬起来。咱们过两天还唱《八大锤》！”

一些专靠“八卦”新闻、小道消息维生的报纸仿佛看到了赚钱的机会。他们立马厚颜无耻地对马连良说，“倒好事件”可以不做报道，但是马老板必须对此要“破费、破费”。没想到马连良不为所动，于是这些小报记者便恼羞成怒。第二天，他们在报上胡编乱造，说马连良被倒好羞辱颜面扫地，昨夜在法国桥（今解放桥）跳海河自杀云云。

《八大锤》马连良饰王佐

马派的《盗宗卷》已成经典，是马连良早年得了贾洪林先生的真传，经常上演的代表剧目。但吕后为何要焚卷，田子春为何要盗卷，刘长为何要发兵等等关目在《盗宗卷》中均没有表示清楚，让多数观众不知其所以然。他早年听说贾洪林先生有一个《淮河营》的本子，是《盗》剧的前部，也是贾先生的独门戏。因此，马连良希望把故事的前部续上，使之成为一出完整的大戏。贾先生去世后，其家人将其所有剧本用火焚化，十分可惜。此后的二十几年里，马连良一直苦苦寻觅有关《淮河营》的剧本，誓将《盗宗卷》增益首尾，完成自己的心愿，同时也是用它来纪念老恩师贾洪林。

《盗宗卷》马连良饰张苍

功夫不负有心人。在翁偶虹先生的帮助下，首先找到了《淮河营》的汉剧失传老本，然后又找来失传川剧《封十王》、失传徽调《焚汉宫》，再加入改编的皮黄本《监酒令》、现行的皮黄本《盗宗卷》。在这些剧本的基础上，又参阅了《前汉书》等古籍史料，经过了多年的酝酿，由吴幻荪先生执笔编写成新剧《十老安刘》。

在剧本的创作过程中，马连良等人已经估计到“淮河营”一折下来会很“热”，即观众的情绪已经被调动起来，观剧的心情难以平复。这样下面接演的“监酒令”就会有难度。如果太“温”了，观众的情绪下来了，就会不满意，甚至会“抽签”、“起堂”。不但对主演刘章的叶盛兰会有打击，而且也直接影响了后面马连良接演的“盗宗卷”，会使全剧的演出效果大打折扣。

马连良知道叶盛兰艺高人胆大，于是与叶商议，“监酒令”不照搬姜妙香先生的路子，不唱胡琴二黄。根据叶盛兰的嗓音条件，为他设计了一段高亢激越的［唢呐二黄］“微风起露沾衣铜壶漏响”。在［急急风］的伴奏下，四个手提气死风灯的“御林军”斜一字引叶盛兰在［四击头］中亮相，加上优美的身段表演，使“这一个”刘章顿时与众不同。为了烘托气氛，又让叶盛兰在后面加了一段舞单剑，让李慕良用［哪吒令］为其伴奏，使观众的情绪能够始终保持在兴奋状态，并延续到第二波高潮“盗宗卷”。

为了造成首演时的轰动效应，马连良在唱片公司里事先灌制了“淮河营”里的［流水］“此时间不可闹笑话”，并在首演之前公开发售。由于这段唱腔编排得动听悦耳、朗朗上口，一经传唱，顿时脍炙人口，马上成为当时的“流行曲”。于是，观众们对这出尚未公演的新戏就更加瞩目期待了。

马连良在自己的唱片社中构思唱词

马派名剧《十老安刘》于1942年5月25日在天津中国大戏院首演，马连良饰前蒯彻后张苍，李玉茹饰吕后，叶盛兰饰刘章，刘连荣饰刘长，马富禄饰前栾布后灯笼杆儿，李洪福饰前李左车后陈平。公演之后，果然反响热烈一炮而红。

《十老安刘》的成功绝非偶然，它凝聚了马连良十几年的心血。公演时间虽在1942年，但在1939年已经开始编撰剧本，而在1932年甚至更长时间之前即开始着手搜集资料，为该剧的成功早就埋下了草蛇灰线千里脉的伏笔。《十老安刘》可称为马派艺术中期作品的最高峰，当时又被称为“莎士比亚式的历史宫闱大戏”。

《十老安刘》马连良饰蒯彻

《十老安刘》马连良饰蒯彻，袁世海饰刘长

这些年来，扶风社陆续排演了一些新戏，马派艺术也日趋成熟稳定，始终沿着上升的轨迹发展，马连良已位居马、谭、奚、杨“四大须生”之首。然而，文化艺术的发展规律并不一定与政治经济的发展规律成正比。在日伪统治时期，尽管像马连良这样的大角儿都在殚精竭虑地不懈努力，但终不能改变人们在水深火热之中苦苦挣扎的生活状况。

他与友人共同投资的新新大戏院，被日伪当局强行“收购”。敲诈、勒索的事件时有发生，绑暗票、砸明火更是家常便饭。最令人触目惊心的是死人的事情经常发生，身边的亲朋好友不断离去。在京剧界生行里表现得最为明显，时慧宝、杨小楼、言菊朋、高庆奎、余叔岩……马连良多年的鼓师乔玉泉因病亡故，马连良的好搭档李洪福也撒手人寰。如此下去，还唱什么戏呀？！往后的日子该怎么过？残酷的现实让马连良心灰意冷、意兴阑珊，默默地祈盼那火烧战船的“东风”早日降临。

《十老安刘》马连良饰蒯彻，马富禄饰栾布，李洪福饰李左车（右）

1945年8月15日正午时分，日本天皇宣布无条件投降。自“七七事变”以来，苦难深重的中国人民翘首期待了八年，终于迎来了盼望已久的和平。有人手里拿着国旗，有人在车上插着国旗，兴奋地在大街上走来走去，互相地祝贺道喜。人们第一次看到美国盟军的飞机在北平的上空翱翔，机尾不停地喷射着白烟，大家都觉得新鲜好看。

抗战胜利后，马连良与尚小云、谭富英在电台演唱《战蒲关》

马连良和京剧界的全体同人一样，整天欢天喜地般地大唱特唱，与全国人民一道共同分享着胜利的喜悦。抗战胜利后，为了响应国民政府新生活的号召，同时也为了了却马连良积压心头的多年夙愿，由他主要出资，为广大的京剧界同人集体戒烟。男演员由马连良负责，女演员由孟小冬负责，在宽街大公主府进行治疗。许多没有能力戒烟的老伶工都挑着大拇指称赞，马连良积了大德了！

新的生活开始不久，要求严惩汉奸的呼声日益高涨。由中央派往各地的“钦差大臣”——接收大员们，打着“惩治汉奸、接收逆产”的旗号，实际上兴高采烈地干着损人利己、中饱私囊的勾当。而许多真正的大特务、大汉奸却都逍遥法外。有的通过拉拢行贿等手段，把自己从黑名单里剔除。有的不知怎么就能摇身一变，成了潜伏在敌伪内部的“卧底”，真是八仙过海各显其能。

伪满“立法院长”赵欣伯在监狱里遛了个弯后，大摇大摆地回了家。川岛芳子的好友马汉三，竟成了北平肃奸委员会主任。更为可笑的是，审理大汉奸王揖唐的庭长何承焯，被王当庭指证为汉奸。而像一些战前就经营有方的民族企业，沦陷后被日寇强行“入股”，反而成了“敌产”和“逆产”，成了接收大员们多管齐下、大捞特捞的对象。抗战胜利后的喜悦心情，很快被这阵阴霾所笼罩。马连良此时的心情如同《打渔杀家》里的肖恩一样，“清早起开柴扉乌鸦叫过，飞过来叫过去却是为何”，真让人有一种不祥的预感。

《马跳檀溪》马连良饰刘备

战后的中国百废待兴，各种名目的义务戏在上海此起彼伏。马连良自然是义务戏中不可或缺的人物，自己也觉得义不容辞。1946年六、七月间，他连续参加了孙夫人宋庆龄主办的中国福利会赈济湘北及各省饥民义演，蒋夫人宋美龄主办的赈济东北饥民义演，中国劳工协进会募集基金义演等多场演出。为了给各地的难民同胞更多地筹募善款，苏北难民救济协会及湘灾急赈委员会敦请梅兰芳、马连良合作，于7月10日至12日演出《龙凤呈祥》、《四郎探母》、《打渔杀家》，这一惊人的消息顿时震惊了上海滩，戏票马上一抢而空。

《龙凤呈祥》马连良饰鲁肃

《春秋笔》马连良饰张恩，马富禄饰驿卒

11日夜晚，正当马连良与梅兰芳演出的《四郎探母》进入高潮的时候，突然来了一帮国民党的军警宪特，把天蟾舞台围得水泄不通。声称马连良犯了“汉奸罪”，他们前来递交河北高等法院的传票，要求马连良立刻回北平接受传讯。

正在演出的马连良来到后台后顿觉五雷轰顶，同时又觉得莫名其妙，不知他们唱的是什么戏。感觉就像自己在《春秋笔》中饰演的张恩一样，“见公文把我的三魂吓掉，从天上降下了杀人的刀”。而“戏比天大”的责任感已经溶化在马连良血液中，于是他对来人说：“有什么事等散戏以后再说。”说着，他又一次转身踏上了台毯。

《四进士》马连良饰宋士杰，袁世海饰顾读
顾读：宋士杰，我打得你可公？
宋士杰：不公！
顾读：打得你可是？
宋士杰：不是！
顾读：不公也要公，不是也要是！

台下的观众并不知道后台发生的事，他们仍然兴高采烈地欣赏着台上的表演，掌声、喝彩声响成一片。马连良在舞台上虽然心如刀绞、肝肠寸断，但是还必须表现得置若罔闻、强颜欢笑。后来一位有良知的记者形容当时的情景真是“台下人喝彩，台上人心酸”。

原来，1942年初，马连良接待了五位沈阳来京的阿訇。他们希望马连良的扶风社前往沈阳为奉天回教文化学院演出集资义务戏，目的是为了该校的扩建。日伪当局得知此事后，勒令扶风社以“华北演艺使节团”的名义，在“三一节”（伪满3月1日的国庆日）前抵达东北，演出的目的由捐资助学演变成了祝贺“满洲国”建国十周年。马连良以不参与政治相拒绝，在拖延了半年之后，日寇向马连良采用了钢刀加流氓的胁迫手段。全副武装、荷枪实弹的日本兵封锁了马家的前后门，准进不准出，一个日本军曹以切腹自杀相威胁。马连良知道，一旦此贼在院中切腹，凶狠残暴的日本鬼子一定会血洗马门。

为了保护家人及同事的生命安全，马连良以牺牲自己的名节为代价，不惜自我卑贱以身饲虎，被迫同意在当年9月前往。在沈阳连续演出十天，为回教文化学院共计捐资35万元，购得该校的地皮、校舍及教具，成功地将日人所办的锅山女子学园赶出沈阳。扶风社在东北期间，除了演出义务戏、营业戏外，没有参与过任何与艺术无关的政治活动。

抗战胜利后，北平的接收大员们利用此事公然勒索，马连良问心无愧不予理睬。敲诈未遂后，他们调动手中的舆论工具大做文章，把此次捐资助学的东北之行说成是具有政治目的的祝贺演出之旅，马连良随即被扣上“汉奸罪”的帽子，特务机关与法院相互勾结沆瀣一气，再次证明“欲加之罪、何患无辞”是古往今来陷害忠良的不二法宝。

为了洗脱自己身上的不白之冤，马连良回京之后与厚颜无耻的国民党当局展开了旷日持久的抗辩之战。北平家中一方面聘请律师进行辩护，一方面变卖家中细软，由夫人陈慧琏出面，南下南京、上海等地，疏通关节。

这时，国民党的各路高官也开始暴露他们的本来面目。面对马家的财产，一个个垂涎欲滴、邪念顿起，争先恐后地变换各种手段进行敲诈，唯恐落后于他人。马连良为了维护自己的权益，不得不聘请常年法律顾问李宜琛，并登报声明："……如有侵害其财产信誉及其他法益者，本律师当依法尽保障之责。"马连良的家产被洗劫一空之后，得到当局"查无实据，不予起诉"的结案通告。

以打官司为由的敲诈暂告一个段落之后，以唱"义务戏"名义的明抢又开始兴风作浪。接收大员们觉得马连良虽然家徒四壁了，但他身上的艺术则是一座取之不尽的宝藏。于是，他们以各种名目强迫马连良唱"义务戏"，而所得的善款则都成了他们的囊中之物。开始还巧立名目，称为"北平难民筹款"、"国民党北平党部特别捐"等义务戏。没有了名目后，竟恬不知耻地称为了什么"净生生物调查所"、"私立女子西画学校"、"装甲兵半月刊"等筹款，真是司马昭之心路人皆知。搞得马连良躲无可躲，藏无可藏。正如晚唐诗人杜荀鹤在《时世行》中描述的那样，"任是深山更深处，也应无计避征徭"！

《打渔杀家》马连良饰萧恩

萧恩：恼恨那吕子秋行事可恶，恨不得插双翅将他杀却

经过了近一年反反复复、无休无止的敲诈勒索，把马家折腾得倾家荡产、债台高筑。而平日里给人感觉潇洒飘逸的马连良，则病容满面神情恍惚，神经极度衰弱。平时在家中最怕听到突如其来的敲门声，每一次门响都代表着一次新的敲诈。经常的高度刺激令他紧张异常，身心濒临崩溃的边缘，患上了精神抑郁的病症。他万万想不到，刚刚赶走了日本鬼子这只恶虎，又来了国民党这群饿狼。这样的“朝廷”在戏文中早就有了定论——难有善终!

马连良等人于“杜寿”期间的演出戏单

为了摆脱国民党贪官污吏的不断敲诈以及还清打官司欠下的一身债务，马连良借上海杜月笙邀请南下参加“杜寿”演出之机，于1947年8月25日与李慕良、李少春、袁世海、叶盛兰等一道南下上海，匆匆告别了这令他痛心疾首的故乡北平。大有“鲤鱼脱却金钩去，摇头摆尾不再回”之感。

1947年“杜寿”期间马连良、梅兰芳等京剧界人士与杜月笙合影

现在也就香港那边还算太平。

咱们去散散心。

在上海参加了祝贺“杜寿”的南北名伶大汇演后，马连良于1947年12月5日起，在上海中国大戏院开始了他为期近四个月的“还债演出”。每天晚上收上来的票款，第二天一早就必须换成金条，用于还债，否则就会立即贬值。四个月下来，马连良身心疲惫，体力透支，腰部也受了伤，只得在虹口租住了一套公寓，暂告休息。

初到香港的马连良

1948年的中国大陆战云密布风起云涌，决定中国前途命运的大决战已经开始。由于淮海战役已拉开帷幕，京沪之间的交通均被阻断，马连良有家难回，只好在上海休养生息。本想身体好转后在上海继续演出，这时的经济形势已经到了大崩溃的时刻。金圆券每时每刻都在贬值，而当局又对戏院的演出采取限制票价的政策。即使卖了个大满堂，到头来还是入不敷出。卖得越好，赔得越多。中国大戏院的经理孙兰亭是马连良的好友，见马心情烦闷，整天闷闷不乐，就对马连良说："三哥，现在也就香港那边还算太平，咱们去散散心？"马连良觉得孙兰亭说得有理，于是二人在1948年11月11日自上海来到南天一隅的东方之珠——香港。

离开上海之前，"云南王"龙云之子龙绳曾向马连良表达了邀请扶风社赴昆明演出的意向。希望马连良在香港盘桓月余以后，直接去云南。在此期间双方保持联系，等候龙的安排。马连良到港后，直接入住了老朋友沈吉诚的家中。沈先生和他的弟弟沈苇窗都是马连良在上海的忠实观众，同时沈氏兄弟还是戏剧评论界里有名的"笔杆子"。当时沈苇窗还在上海开中医诊所，后由沪迁港并创办了在海外享有盛誉的文史刊物《大成》。而沈吉诚则来港多年，是香港戏剧界中手眼通天的人物。对于马连良的来港，沈先生十分欢迎。他不但为马连良准备了干净舒适的客房，而且还在自己家中为马连良新买了炉灶、炊具、餐具，还特别请了一位回族厨师为马连良服务，可谓体贴周到无微不至。

马连良与香港友人

孙兰亭此次来港休养的同时还有另一番考量。他知道在大陆国共双方的战事刚刚开始，恐怕还要持续很长一段时间。上海的市面已经乱作一团，中国大戏院的经营一定备受影响。考虑到自己以及好友马连良的业务前途，应该另辟蹊径，因此借旅游香港之机考察市场。如有可能在此发展，当有一番新的天地。

离开上海之前孙兰亭已与身在北平的张君秋、马富禄，上海的俞振飞等几个马连良的老搭档打过招呼，要求他们暂时不要接受其他班社的约请，更不要收受定金，静候他的消息。一旦香港方面有机会，则可以不日动身。当他见到老朋友沈吉诚后，就竹筒倒豆般地把他的想法讲了出来。沈吉诚是大戏迷，见有如此大好的机会真是求之不得，岂有推却之理。于是满口应承，并答应马上带马、孙二人前去拜客。

马连良与香港粤剧界朋友聚会

马连良、张君秋、俞振飞（左）于香港留影

港岛有一家著名的娱乐戏院，总经理名叫梁基浩，是香港少有的京剧花脸名票。他主持了一家有名的京剧票房，在“娱乐”的顶楼，叫天台俱乐部，也是香港当时著名的会所之一，其会员都是香港的头面人物，有周寿臣爵士，影业巨子李祖永、张善琨，实业家胡文虎等名流。梁基浩得知马连良抵港后，十分高兴。于是约请天台俱乐部的成员一起为马连良接风，席间大家一致要求马连良无论如何要在港露演几场。

梁基浩一口应允竭力赞助，戏院的问题迎刃而解。演出的筹划、宣传工作由沈吉诚、张善琨负责，也不成问题。唯一的难题就是香港没有专业的京剧班底，除了一家有些规模的票房“春江集”演出过外，从来没有正式的演出。孙兰亭主动请缨，要马上回上海，将他中国大戏院的班底及服装道具等一切应用之物尽发香港。这样虽然成本比较高，但能够保证演出的质量。大家商议后也只好如此，于是孙兰亭在停留了几天之后，于11月24日又乘飞机匆匆返回上海组班。

与剧团成员及香港友人一起

孙兰亭讲话快人快语，办事雷厉风行，加之他对在香港演出之事早有腹稿，因此组班之事顺风顺水。抵沪后他马上打电话给北平的张君秋，要张速到上海。这时北平已经被解放军团团围困，张君秋托关系搞到飞机票，在城内的东单临时机场登上了赴沪的航班。马富禄因故不能前来，决定邀请在香港的丑角演员梁次珊。孙兰亭组织中国大戏院的大队人马自上海乘船奔赴香港，12月11日全部抵达。决定于12月20日至24日在娱乐大戏院连续演出五场，剧团定名为“马连良、张君秋、俞振飞剧团”。

《龙凤呈祥》马连良饰鲁肃，俞振飞饰周瑜

五天的戏码安排得非常吸引人，头天马连良、张君秋、俞振飞合演《龙凤呈祥》；第二天张君秋、俞振飞、马盛龙等演《玉堂春》，马连良演《马义救主》；第三天马连良、张君秋演双出《梅龙镇》、《打渔杀家》，中间俞振飞演《辕门射戟》；第四天演出马连良首本名剧《群英会·借东风》；第五天俞振飞演《白门楼》，马连良、张君秋演《三娘教子》。

由于马张俞三位大角的知名度极高，香港多年以来没有什么高水平的京剧剧团在此露演，加之宣传、策划得当，当地的京剧爱好者极力捧场，演出收入共计七万六千元左右。其中马连良分得包银七千元，张君秋得三千五百元，俞振飞得一千七百五十元。平均每场收入一万五千元的数字在香港可谓好之又好，要比当时粤剧省港班的头牌老倌马师曾、薛觉先的票房高出许多。

一时的胜利并不能代表京剧在香港已经有了绝对的市场，接下来“马连良、张君秋、俞振飞剧团”在港岛高升戏院、九龙普庆戏院又各演出七天，上演剧目可称丰富多彩。除了返演前五天的戏码外，又增加了马连良、张君秋合演的《一捧雪·审头刺汤》、《四进士》、《法门寺》，马连良、俞振飞合演的《八大锤代说书》，马连良的《清官册》、《苏武牧羊》，张君秋、俞振飞合演的《春秋配》、《贩马记》，以及群戏《御碑亭》、《长坂坡·汉津口》，其中马连良反串关羽，《八蜡庙》马连良反串费德功、张君秋反串黄天霸、俞振飞反串金大力。结果大大出乎张善琨、孙兰亭以及马张俞三人的预料，两周共计损失四万四千元，票房惨遭滑铁卢。

《龙凤呈祥》马连良饰乔玄

《梅龙镇》马连良饰正德帝

1949年初的香港经济规模和体量与当时的上海、广州相比可谓天壤之别，根本不在一个水平线上。香港与九龙的经济水准也不同，观众的收入及票价的承受能力有限。粤剧头牌老倌薛觉先在“高升”的大堂中座票售三元三角，在“普庆”只能卖二元八角。而马张俞的票价按上海的标准定价，已经有些脱离现实了。当时从北方、上海移居香港的人不多，观众主要是广东人，对京剧没有接触过，又有语言障碍，基本听不懂。看戏的人多数冲着这几位大角的知名度而来，真正愿意“过瘾”的人极少。

基于上述几点情况，当时京剧在香港的市场极其有限，只能是示范性地展演几天尚可，如果以营业为目的长期演出，至今尚无可能，何况当初了。另外，开销过大也是失利的主要原因之一。香港本地只有一些流散的京剧艺人，没有一个有水准的班底，只好用上海“中国”的人马。除了“四管”（管吃、管住、管接、管送）外，还要照发包银，成本实在太高。

为了弥补演出的经济损失，有人与刚刚在港成立的胜利影业公司接洽，决定拍摄彩色舞台艺术片《借东风》、《梅龙镇》、《渔夫恨》、《玉堂春》。马连良以不计片酬为代价，要求电影公司方面负责上海中国大戏院的班底演员的路费等开销，把他们从速送回上海。

在电影的拍摄过程中，除了主要演职员之外，雇用的龙套是香港本地粤剧戏班的演员，从他们身上的行头及个别几句念白中尚能看出广东人的痕迹。虽然导演的水准和拍摄手法均有值得商榷之处，但是这几部影片毕竟为马连良等人的舞台艺术留下了弥足珍贵的资料。

影片拍摄完成以后，时间已经到了1949年的春天。大陆的形势十分动荡，云南方面也暂时没有消息，香港的朋友们要求马张俞三人多停留一段时间，先不要回上海，等局势稳定了再说。从此，马连良开始了一段为期近三年的居港生活。

电影《借东风》特刊

电影《借东风》剧照，马连良饰诸葛亮

《四郎探母》马连良饰杨延辉

杨延辉：我好比南来雁失群离散，我好比潜水龙被困在沙滩

就马连良的归宿事宜。

国共双方展开了一场角力战。

由于在香港不能长期演出营业戏，马连良索性让长子崇仁、弟子马盛龙等押着戏箱跟随上海中国大戏院的班底一起回到上海，临行前还叮嘱崇仁："你在上海哪也别去，好好看着戏箱等着我，我过些日子就回来。"

送走了上海的大队人马后，马连良的心中五味杂陈百感交集。想到他们即将重新登上自己的舞台，回到他们的衣食父母身边，几十家的日常生计就有了保证，马连良如释重负；想到自己此次香港之行的失策，马连良罪己自责；想到在京年近八旬的老娘和正在读书的孩子，马连良不由得焦虑万分；想到以往都是自己慷慨地帮助别人，如今却要靠朋友的借贷度日，马连良顿觉无地自容；想到当年舞台之上与同人们的密切合作，如今却天各一方，马连良深感有负于人；想到在大陆时风光无限万人争睹，如今在香港却孤苦伶仃孑然一身，望着苍茫而诡谲的大海，马连良时常慨然自叹。大有"零丁洋里叹零丁，生死飘摇雨打萍"之感。

于香港拍摄的《临潼山》剧照，马连良的“这一个”李渊与十几年前相比，少了几分英气，却平添了些英雄末路的感觉，也许正是他心境的写照

演出和拍摄的劳累使马连良疲惫不堪，而失败的打击更令他情绪低落。为了避免给朋友造成过多的负担，马连良决定在九龙塘租赁一所房子居住。这所院落的大门与房子有一段距离，进门后总觉得氛围有些阴森压抑。本想通过换个环境能够帮助马连良调整一下情绪，但住进来后还是于事无补。加之马连良对自己要求高，不甘心就此沉沦下去，烦躁不安的心绪总是困扰着身陷苦海的他。压力一天高于一天，内心的苦楚又无处释放，周围的朋友都为马连良担心。

一天，马连良在九龙塘的家中静坐，突然院门上响起了一阵急促的敲门声。马连良觉得这阵声音仿佛与当年日伪逼迫、国民党陷害时的敲门声一模一样，于是顿觉浑身紧张、手心冒汗。巨大的压力使他在1946年时所患的旧病突然复发，从此整天精神抑郁。有时神情恍惚，有时行动不觉，有时难以入睡，有时无端惊醒。病情时好时坏，断断续续地延续了近八个月。

在港的家人与朋友无不替马连良的身体状况及艺术前途担心害怕，总是想尽一切办法替他排忧解难。这时一个从云南来的信息让大家高兴，龙云的三公子龙绳曾履行了之前的诺言，由云南大戏院的负责人殷汇洲、罗静波出面，邀请马连良前往昆明演出。

这时弟子李慕良等人已回大陆，无人为马连良操琴伴奏。恰巧马的另一位高徒言少朋从台湾演出归来，同时来的还有储金鹏、戴文海等人。于是决定由言少朋负责操琴，马连良等十一人以扶风社的名义飞赴昆明，于1949年10月20日起在云南大戏院开始演出，为期一个月，共计36场。

马连良对此次云南之行十分重视。首先是他以前从未到过云南，他希望把自己最好的艺术呈现给热爱他的广大昆明观众；其次是许久没有连续一个月地唱戏了，他终于又可以一展歌喉，将自己胸中的郁闷尽情宣泄。另外，合同定明的包银总金额是港币六万七千一百元整，按三元五角港币折合一枚银元（袁大头）。这么可观的数额，对马连良在港的艰难处境是一个极大的帮补。

当马连良一行到达昆明后，演出进展得极为顺利，让马连良又一次重新拾起了自信心。各界人士竞相邀请，把马连良忙得不亦乐乎。他心情十分舒畅，并答应为昆明的培忠回民中学和本地同业人员演出四场义务戏。

于昆明演出《法门寺》，马连良饰赵廉，周惠如饰宋巧姣

1950年马连良在香港度过了他五十岁的生日

这时全国的局势已经发生了翻天覆地的变化。中华人民共和国已经成立，解放军以势如破竹之势打过了长江，只有西南一隅还在国民政府的统治之下。而云南的形势也是岌岌可危，随时有爆发战争的可能。当时的云南省主席卢汉与解放军方面秘密接洽，为率云南所部起义做着准备工作。卢汉、龙绳曾等人为了给远道而来的马连良一个交代，只好对马说："马先生，眼看着八路军要围城了，这边的局势不太平，您还是早点儿回香港吧！"于是，在演出合约没有完成的情形下，马连良一行通过沈醉的帮助，搞到了回香港的机票，匆匆地离开了昆明。

回到香港后，大陆的许多亲朋好友都了解到了马连良在香港的处境，于是纷纷伸出援助之手。特别是上海和天津的两家中国大戏院，都表示愿意替马连良还清在港所欠的债务。条件就是请马连良回到"中国"，双方长期合作一个时期。马连良闻讯后很是开心，他派长子崇仁北上与几家戏院接洽。最后决定由天津中国大戏院出面为马连良还清债务，马于1950年春节之前回到天津，并于春节期间在津公演。

一切手续均已办妥，只等天津往香港汇款。就在双方都沉浸在兴奋之中的时候，天津方面突然接到了一个令人意想不到的信息。即全国的外汇实行统一管制，港币属于外汇，不允许任意汇出。因此，马连良回到天津之事也只得作罢。

就在马连良希望通过民间途径解决自己回归大陆之事的时候，台湾方面也了解到了马连良在香港的处境，很快派人来到香港与马连良接洽。西北军阀马步芳自大陆溃败之后，害怕台湾当局对他进行清算，不敢赴台，暂时于香港居住。当他接到了台湾方面的指示后，为了表示与党国同心同德，以国府高官、西北回族领袖的身份与马连良会面，并劝说马连良前往台湾，去开拓一片新的天地。马连良认为，马步芳本人身为高官却有定居香港或中东之意，还劝别人去台湾，能可靠吗？另外，自1946年打官司起，马连良对国民政府伤透了心，再也不愿意与官方有任何往来，只好对其婉言谢绝了。

马连良与张大千

不久，台湾永乐戏院的代表来到香港，表示欢迎马连良到台北等地进行短期演出。包银优厚自不必说，如果愿意还可在当地组班，将扶风社的大旗在台重新树起。愿意回香港，当然来去自由。虽然“永乐”不是官方机构，但他们能够保证所说的一切吗？马连良与朋友商议后还是有些后怕，大家都认为现在是非常时期，国共双方正处在剑拔弩张的阶段。马连良的大多数家眷都在北京，如果到达台湾之后，有人出于政治目的将马强行扣留怎么办？马连良联想到打官司时期国民党当局的那副嘴脸，知道他们什么都干得出来，赴台演出之事还是谨慎为上。

1950年夏天，马连良的三女儿马力正在军委护士司药培训班学习。一天，她和同学们一起被领导安排来到中南海，参加中共中央举办的一场舞会。在与周恩来总理跳舞时，周总理了解到了马连良目前的情况，向马力表达了欢迎马连良回归大陆的意思。此后不久，由中南局主管文艺的武克仁局长负责，一个迎接马连良回归大陆的计划逐步展开。

台湾方面此时也了解到马连良的二女儿马静敏在台北居住，于是由台北市长出面做马静敏的工作，希望马静敏能够亲自前往香港，劝说父亲马连良投奔台湾，当局保证给予最高的地位、最优厚的待遇。就马连良的归宿事宜，国共双方展开了一场角力战。

马连良在香港坚持吊嗓

马连良夫妇及香港京剧界人士出席薛正康拜师俞振飞仪式

身在香港的马连良始终没有忘记自己作为一名职业京剧人的责任，尽管平日演出的市场不好，但他依然坚持经常吊嗓，对自己的要求从不松懈。在香港的京剧人不多，但他们始终保持着相互的关照。杜月笙和孟小冬等移居香港后，其生活环境与在上海时大相径庭。但马连良仍时常去坚尼地台探望，有时与孟小冬一起吊吊嗓子，有时陪病中的杜月笙聊聊天。马连良的老搭档朱琴心在香港生活，经常带着他的一双儿女前来看望马连良。于是马、朱二人就给这两个孩子说戏，不久就可以登台表演。马连良和俞振飞见到几名上海戏校“正”字科的学生是可塑之才，于是分别收了汪正华、薛正康为徒。每隔一两个星期，马连良都要与张君秋、俞振飞等一起演出一次，以中小型剧目为主。在1950年至1951年这两年间，马连良在香港共演出41场，让京剧之火在这南国的小岛上逐渐燎原。香港剧评家沈苇窗先生认为，马连良对京剧在香港的传播起了至关重要的作用。

1951年于香港演出《春秋笔》，马连良饰张恩，俞振飞饰程义

《春秋笔》马连良饰王彦丞，张君秋饰王夫人

王彦丞：到如今家难投有国难在，走荒山忽无路踏破了芒鞋

逃性命顾不得风霜年迈，实可叹我一家大小东离西散令人伤怀

除了自己演出以外，马连良还时常与非京剧演员同台。当时许多具有进步思想的上海电影明星也居住在香港，其中刘琼、韩非、严俊、白沉、舒适等人与马连良经常接触。马连良从他们那里也了解到了许多共产党与新中国的情况，他们也愿意在马连良的剧中客串一把，学习演出京剧。当时电影明星的京剧修养都较高，有些甚至出身于京剧家庭。当红女星李丽华的母亲就是唱老旦出身，李的花旦技艺也很高，马连良曾有约请李丽华合演《乌龙院》之意。

《乌龙院》马连良饰宋江，焦红英饰阎惜姣

马连良与弟子邓永祥（新马师曾）夫妇

在香港平日的生活中，马连良主要的活动就是与本地的艺术家开展交流。在刚刚抵达香港时，粤剧名家马师曾就主动为马连良接风，大尽地主之谊。二人之前虽然互不相识，但却一见如故，互称宗兄。马连良的名剧《四进士》与马师曾的名剧《审死官》都是讲宋士杰的故事，二人有很多共同语言。马师曾还挥毫书写先秦典籍《尚书·尧典》中的名句——“帝曰夔，诗言志，歌咏言，声依永，律和声”，赠与马连良。

为了使红线女的表演艺术进一步提高，马师曾要求马连良代为寻找一位京剧老伶工，为红线女说身段。于是马连良就让当时还在上海的沈苇窗约请有“十四盏灯”之称的王福卿来港，专门指导红线女。马连良还收了艺名为“新马师曾”的邓永祥为徒，不但指导他的身段、做工，还把一些“京腔”有机地融入到粤剧版本的《坐楼杀惜》之中。新马师曾认为，马连良在《春秋笔》中为张恩设计的黑发鬏既新颖别致又有创意，于是把这个扮相移植到自己的《卧薪尝胆》戏中，用在了勾践的身上。

《溪黄庄》马连良饰褚彪，邓永祥饰尹亮，言少朋饰彭朋（右）

在与粤剧同行的艺术交流中，马连良发现粤剧服装上的绣活与京剧不同，是一种独到别致的南派绣法，非常有可取之处。又在日常生活中发现，广东人喜欢穿一种有“卍字不到头”暗花图案的料子做大褂，穿在身上既考究又不显张扬，令人显得非常精神。于是他将二者结合，选择了自己最喜欢的缃色（黄绿之间的过渡色）为基调，用偏黄的缃色料子做蟒袍袍身，用偏绿的缃色绣线绣制团龙及海水江涯，只保留胸前的一个团龙，去掉其他多余的团龙，并在海水江涯上方绣制一个红太阳，使蟒袍顿显简洁大方、气度非凡。这就是马连良在香港期间创制的“缃色蟒”，俗称“太阳蟒”。这件当年标志性的马派服装，今天已经成了我国戏曲各个剧种中丞相一类人物的“官中”行头了。

马连良在香港创制的缃色太阳蟒

在与社会各界交往的同时，马连良一直保持着与中南局代表胡兴寿的秘密接触。胡是一位老红军干部，奉武克仁指示前来香港专门办理马连良回归大陆之事。他从中南局调拨了四万港币的外汇，代为还清马连良、李慕良、马崇仁等人的大大小小债务，并与在香港的地下党一起，策划马连良及其家属返回大陆过程的每一个细节。

因为当时在香港的国民党特务极为猖獗，对一些暂居香港的社会名流的去留问题，采取了诱惑加恐吓的政治手段。如果这些人选择去台湾，则许以高官厚禄；其次可以选择居港不动；一旦有任何回归大陆的迹象，有可能会采取暗杀行动。考虑到马连良的安全问题，返回大陆之事一直由马连良与胡兴寿单独接触，对在港的亲朋好友一律保密。

在胡兴寿等人的精心安排下，马连良与弟子李慕良于1951年10月1日这一天登上了开往深圳的汽车。平安过关后，立即前往中南重镇广州。

为了突显出马连良回归大陆这一事件的政治意义，中南局方面邀请了在北京的马连良老搭档南下广州，其中包括师兄弟马富禄、高连峰，马家的兄弟马连贵、马四立。并让下属的武汉京剧团也在广州等待马连良的到来，准备在广州连续上演马派名剧造成轰动效应。当马连良走下火车看到的不仅是欢迎的人群，而且还有自己兄弟的身影时，激动得热泪盈眶。马连贵看到哥哥瘦削的脸庞感慨地说道：“哥哥，让您受苦了！”马连良拉着兄弟的手发自肺腑地说：“回来就好了，回来就不苦了！”

在广州的欢迎仪式上接受锦旗

第5部

壹玖伍贰~壹玖陆陆

高山仰止

1952-1966

马连良把程婴出现的八场戏做了深入细致的准备工作归纳为八种不同的情感变化分别为焦智勇慎假愿痛欢但万变不离其宗在这八个字的推移演化中突出程婴的主线

在武汉演出《华容道》，马连良饰诸葛亮，高盛麟饰关羽

马连良在广州黄花岗七十二烈士墓园参观留影

在中南局各级领导的关怀下，马连良感受到了新中国的温暖。在广州演出了21场后，马连良与张君秋及武汉京剧团一起来到了中南局的中心武汉。除了演出以外，武克仁一直为马连良日后的工作与生活煞费苦心。本想安排马连良、张君秋等人加入已有国营剧团性质的中南京剧团，但考虑到他们二人这些年来在香港的实际情况，本身就没有赚到钱，而且每人还都有一些债务。虽然中南局方面已替他们清偿，但是这些钱还是需要他们返还中南局的，因此让他们参加国营剧团就不合适了。于是，武克仁决定为马、张二人组建一个新的剧团——中南联谊京剧团，既有团委会等类似国营剧团的组织，又是民营剧团的性质，使他们的工作和生活有了保障。

马连良等人在武汉受到热烈欢迎

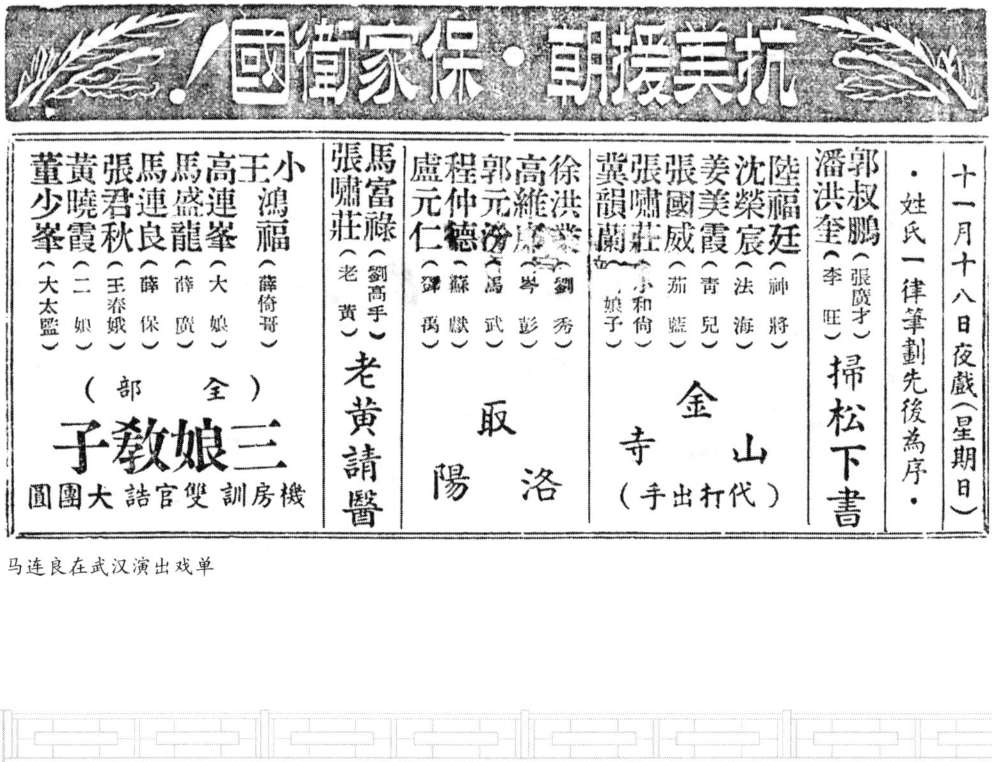

抗美援朝・保家衛國！

十一月十八日夜戲（星期日）

・姓氏一律筆劃先後為序・

郭叔鵬（張廣才）潘洪奎（李旺）　掃松下書

陸福廷（神將）沈榮宸（法海）姜美霞（青兒）張國威（茄藍）張嘯莊（小和尚）冀韻蘭（娘子）　金山寺（代打出手）

徐洪業（劉秀）高維廉（岑彭）郭元汾（馬武）程仲德（蘇獻）盧元仁（鄧禹）　取洛陽

馬富祿（劉高手）張嘯莊（老黃）　老黃請醫

小王鴻福（薛倚哥）高連峯（大娘）馬盛龍（薛廣）馬連良（薛保）張君秋（王春娥）黃曉霞（二娘）董少峯（大太監）　三娘教子（全部）　機房訓　雙官誥　大團圓

马连良在武汉演出戏单

1951年底，马连良、张君秋任中南联谊京剧团的正、副团长，带领着这个新组建的剧团开始了北上巡演。先到南昌，再到天津，最后于1952年春，回到了阔别已久的故乡北京。

暑往寒来，马连良离开北京已有四个多年头了。古老的京城虽然依旧是那么恢宏庄严，但马连良已经感受到了物是人非。人们好像都换了一副新的面孔，穿着新式的服装，讲着新的语言，有着新的思维，新中国的一切给人以旧貌换新颜的感觉。

马连良与张君秋

为了满足家乡广大观众的渴望，马连良决定于1952年3月10日在长安大戏院上演《四进士》。许多观众已经有六七年没有看到马连良的演出了。广告贴出后，“长安”的票房外连夜排满了热情的观众。他们有人穿着大衣，有人拿着铺盖，在马路边上兴高采烈地交流着，盼望着能够早日看到他们心目中的明星——马连良。

“中南”团的阵容非常整齐强大，在《四进士》中张君秋饰杨素珍、马富禄饰万氏、马盛龙饰毛朋、马崇仁饰杨春。张君秋也已多年没在北京的舞台上露面，观众看过他的《四进十》的“柳林”一折后，已被他唱得如醉如痴异常兴奋。

在观众情绪如此激动的前提下，马连良将要出场了。由于马连良多年没有在京露演，“中南”团全体都为团长卯足了劲，一定要让这次首演大获成功。乐队为了制造轰动效应，在正常的“小锣冒头”打上之前，加大了“缓锣”的长度和力度，把马连良的上场气氛烘托得淋漓尽致。望眼欲穿的观众此时激动的心情已经无法控制，宋士杰还没有出场，“好啊，好”的喝彩声已经响彻了长安大戏院。马连良就在这一片欢呼雀跃的气氛中，站立在舞台的九龙口上，注视着他多年未见的观众们，默默地告诉他们，我回来了。

3月11日，马连良上演《苏武牧羊》，他希望通过这出戏表达他这个离京多年的游子之情。他是多么眷恋这块土地，他是多么热爱这里的人民，他再一次地宣告，我“苏武”回来了！

《苏武牧羊》马连良饰苏武，张君秋饰胡阿云

政务院总理周恩来是策划马连良回归大陆的总导演，为了让回家后的马连良有一个安定的心境，周总理安排7月1日在北京饭店的一次联欢会上与马连良见面。在欢乐祥和的氛围中，周恩来意味深长地与马连良亲切交谈，让马连良感到莫大的安慰。周总理特别谈到三点：第一，回来之后有什么困难尽管说，政府可以出面帮助解决；第二，随时可以回香港，也随时欢迎回来；第三，不要把当年去伪满演出的事放在心上，你是演员，靠唱戏养家糊口，没有政治目的。他还希望马连良在一切安定了之后，把自己的剧团搞起来，把艺术奉献给人民。为了表达自己知恩图报、感恩戴德的心情，马连良在联欢会上唱了《八大锤》选段，“听谯楼打初更玉兔东上，为国家秉忠心食君禄报王恩昼夜奔忙”。

《八大锤》马连良饰王佐

《摘缨会》马连良饰楚庄王，杨荣环饰许姬

既然政府对咱们有要求，

再多困难也要排除。

在周恩来总理的感召下，马连良开始着手组建马连良剧团。这时北京城里京剧界的格局已经发生了极大的变化。除了老搭档马富禄外，当年的“扶风五虎”已经各自有了固定的剧团，若想组建扶风社那样阵容强大的剧团的确面临着实际的困难。二牌旦角选用了杨荣环，马曾在赴港之前与杨合作过，对他心里有底。大丑理所当然是马富禄，里子老生用弟子马盛龙，武生有女婿黄元庆，都不成问题，唯独花脸人选让马连良犯了难。因为马派戏做工吃重，必须有一个好的“架子花”。后来在弟子言少朋推荐下，决定试用周和桐。因为周曾跟着言少朋在一起跑过一阵外码头，傍着言少朋唱过不少马派戏。

1952年8月，马连良剧团正式成立。为了把马剧团的头一炮打响，马连良知难而上，把19日首演地点选在了天津中国大戏院。天津的戏一向难唱，马连良对周和桐心里没底。首先是没有看过他的戏，又知道他曾经下海经商，在中央电影院当过经理，脱离舞台时间较长，怕周砸锅。他知道师哥侯喜瑞在天津是“红底子”，于是特邀侯加盟助演，增强马剧团的阵容。

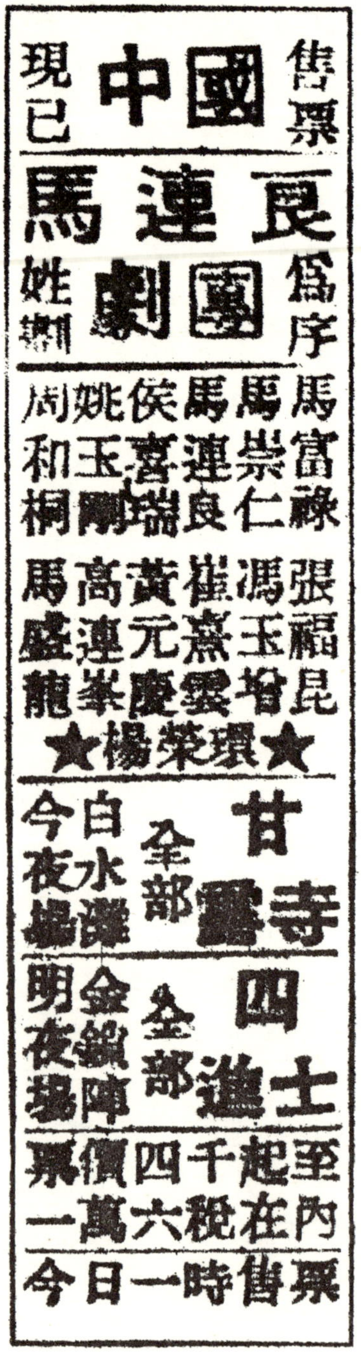

1952年马连良剧团首演广告

首演马派名剧《甘露寺》，派了侯喜瑞的张飞、周和桐的孙权。一切准备就绪后，全团上下都十分严肃紧张。大家知道这是马连良剧团的首演，只能成功，不许失败。

真是怕什么来什么。周和桐没傍过马这样的大角儿，一出场还没“见角儿”心里就紧张，刚一迈步厚底靴就踢到台毯里了，险些被绊个大跟头。马连良的心一下子就提到了嗓子眼，他马上用眼神安慰周和桐，并且加大了表演力度，这才使倒好没上来。后面的“劝千岁”及“夸将”更加卯上，侯喜瑞的“走边”也异常帅美，使观众得到了极大的满足。马剧团的首演在有惊无险中圆满完成。

周和桐心想这个娄子可捅得不小，知道自己彻底砸了，准备走人。可没想到马连良并未责怪他，马认为周是个可塑之才，但还需要假以时日逐渐历练，必须让他进一步学习和实践。于是决定向中国京剧院商借袁世海，让周和桐继续留任，在以后的演出中观察学习。

马连良剧团主要成员在哈尔滨一西餐厅内聚餐

马剧团离开天津前往东北巡演，预期为时三个月。在演出过程中让这支新的团队不断磨合，把马派的传统剧目逐渐恢复，等全团的水平完全稳定后再回北京。按照马连良的本意，在这三个月的“磨合期”里，没有排演任何新戏的计划。但袁世海却带着任务来到马剧团，向马连良表达了有关上级领导要求马剧团上演《将相和》的意思。

《将相和》是解放初期翁偶虹先生根据传统剧目《完璧归赵》、《渑池会》、《将相和》等编写的一出新戏，北京市文艺处的王颉竹也参与其中。基本上有谭富英、裘盛戎和李少春、袁世海两个演出版本，是一出提倡团结的好戏。

《将相和》马连良饰蔺相如

除了谭、李以外，京剧界的老生主演们纷纷效仿，奚啸伯、杨宝森、李万春、徐东明、言少朋、李鸣盛等都把该剧搬上了舞台。政府方面对此大为支持，因为《将相和》是建国以来少有的好戏，表明新中国的文艺舞台上一片欣欣向荣。该剧首先在1951年春获得北京市文化局的优秀剧目奖，又于1952年秋在中央文化部举办的第一届全国戏曲观摩演出大会上获得剧本奖。与此同时，全国各地还在纷纷上演，《将相和》红遍了大江南北。

马连良认为，自己的剧团正处在初创阶段，演员们都在相互适应，完全恢复老戏还存在困难，何况排演新戏了。另外，像这样一出各地争相上演的剧目，自己的剧团再跟风响应，难免使剧目过于雷同，对不住观众。另外，谭、裘和李、袁已经把戏唱得很红，自己再演未免会有拾人牙慧之嫌，对自己的形象不利。但是，回来以后自己一直有向政府表达感激之情的愿望，既然政府对咱们有要求，再多困难也要排除。于是，马连良与袁世海、李慕良等一起商议，既然要演就要与别人不同，否则就不是马派。

首先在研究“过函谷关”唱腔时，马连良想到了当年孙菊仙老先生给他说的《渑池会》，里面有一段［西皮导板］接［原板］的经典唱段，他认为很有特色，于是马上唱出来让大家听。袁世海听过后就建议说：“孙老的唱虽好，放在这里显不出马派特色。我建议您还是把以前《鸿门宴》的那段［流水］改编一下，那段您唱得多好，不用可惜了。”

《鸿门宴》是上个世纪二十年代末期马连良与郝寿臣合演的剧目，虽然该剧已多年未演，但其中“虚飘飘旌旗五色晃”一段却成了马派［流水］的经典。马连良认为袁世海说得有理，于是以这段为基础，在转［散板］时又借鉴了自己在《六出祁山》里诸葛亮的“我要少陪、少陪收兵将，你是个无羞无耻无知的儿郎”唱腔，创作出了一个新的名段。

“[西皮导板] 奉王旨意秦国往，[流水] 登山涉水马蹄忙。耳听得金鼓咚咚震天响，不觉得来到了秦国边疆。看关头旌旗招展刀枪明又亮，儿郎个个逞豪强。大摇大摆我就关内闯，[散板] 果然嬴秦似虎狼。这样的待人成何样，蔺相如把此事哪放在心旁。我要少陪、少陪头前往，似这样迎接宾客我实不敢当。”

另外，从扮相上入手找出俏头。首先，马连良为蔺相如出场时设计了一顶新颖别致的盔头，形状类似《甘露寺》里乔福戴的“沙锅浅儿”，把帽檐加宽以深色绸缎包边，前部略上翻，在灯光之下极有质感。穿青地蓝边襴衫，形象干练、不张扬又有气质，非常符合缪贤家中舍人的身份。“完璧归赵”时的形象借鉴了当年《焚绵山》中介子推的扮相，设计了改良方巾加刀形小翅子，穿蓝地黑边襴衫。蔺相如被封相后，身穿在香港时创制的缃色太阳蟒，头戴无绒球文阳加立龙翅子。这顶盔头是马连良在参观十三陵时受到明朝皇帝的金色镂空皇冠的启发所创制，用于丞相、太尉这类人物最为合适。

马连良与袁世海在家中揣摩唱词

《将相和》马连良饰蔺相如

在马剧团回京后，马连良不想与谭、李争演《将相和》，在大众剧场演出了两场后就暂时“挂”起来了，但因此而创造出的这几个经典的人物扮相，后来分别用在了《赵氏孤儿》、《甘露寺》和《秦香莲》等剧中，之后被各地剧种争相效仿，普及到了全国。

1953年夏天，马连良剧团正在青岛演出，听到了中央将要组织赴朝慰问团的消息。为了进一步表达自己的拳拳报国之心，马连良急忙与青岛的剧场方面终止了演出合同返回北京。经过有关领导的批示后，马连良带领着马剧团的十八名演职人员，与梅兰芳、程砚秋、周信芳等一道共同参加了第三届赴朝慰问团。在贺龙元帅的率领下，慰问团离安东，走凤凰城，赴平壤，奔板门店，一路之上顶风冒雪历尽艰辛，从未住过有屋顶的房间，从未睡过真正的床铺。马连良等四位大角均年过半百，却没有一人叫苦叫累。他们一边南下，一边演出，把祖国人民的温暖送到每一个志愿军战士的身边。

1953年在朝鲜与梅兰芳、程砚秋、周信芳合影

《汾河湾》马连良饰薛仁贵，梅兰芳饰柳迎春

在演出的安排上，四人都没有提出过演出顺序与牌位等方面的要求，大家都顾全大局服从志愿军方面的安排，尽可能地满足他们的需要。这可乐坏了广大的志愿军战士。有些人后来在给家人的信中写道，他们看过了有生以来最好的戏。而最为受益的是四位大角儿身边的人们，他们在几个月的演出过程中，集中地学到了许多演员一生也学不到的艺术。马连良与程砚秋合演了《审头刺汤》，与梅兰芳合演了《打渔杀家》，与周信芳合演了《群英会·借东风》，等等，大家精诚团结相互合作，终于圆满地完成了赴朝慰问的任务。

马连良在朝鲜为志愿军演出《八大锤》

《群英会》马连良饰诸葛亮，周信芳饰鲁肃，齐英才饰周瑜（中）

京剧界业内的人士都知道，马连良以收集京剧秘本而闻名。他在青少年时代就有这个爱好，在上个世纪二十年代成名之后，还专门聘请了一位老先生为他抄写剧本。几十年来，马连良收集了一百多部珍本。这其中有他和他的家人用心搜集的秘本，有当年皇宫流传出来的宫廷本，有他用高价向一些著名艺人的后代购买过来的绝本。马连良闲来就以阅读这些剧本做消遣，并在剧本的空白处留下了许多心得和批注。他的许多拿手好戏都是深得这些古老剧本的启发，可以说他把这些秘本视为自己毕生的心血与生命。

北京市文化局在“继承遗产、挖掘传统”的工作中，得知马连良有许多珍贵的资料，他们也明白这些资料是艺术家的“本钱”与“饭碗”，老艺人有“宁舍十亩地，不舍一出戏”的说法。于是干部们试探性地向马连良商借，并称这些濒于失传的优秀文化遗产应该赶快抢救，最好能结集成书出版发行。

1954年为筹备《火牛阵》录音，马连良与该剧主演在西单家中留影。左起：姜妙香、郝寿臣、林秋雯、萧长华、李慕良、马连良、黄元庆、马富禄

根据《天雷报》改编的《清风亭》，马连良饰张元秀

马连良对政府的行为很是感动，他感慨地说："像这样的本子能保存下来真算是幸运了，许多老艺人以前为生计所迫，把很多东西都带到棺材里去了。我不能让这样的事重演，我要把它献给国家！"于是，马连良把自己珍藏的一百五十二部绝版秘本全部赠与了北京市文化局。这些藏本中的剧目连一些内行也很少见过，如《阴骂曹》、《李陵被擒》、《雪夜访普》、《卖华山》、《登云岭》等。其中不少剧目只要稍加整理改编，即可成为一出能够上演的好戏。

像马连良的拿手好戏《天雷报》的剧本里，就有印有“咸丰八年”的字样，并有批注记述了该本是马连良的叔父自山东曲阜孔家得来，再传到马连良手中。从这个剧本中可以看出，它原本是弋阳腔的路子，也含有徽调的成分。从马连良捐献的许多剧本中可以清楚地看出京剧形成的几个源流。有的来自弋阳腔，有的出自徽调，有的是乱弹，有的是昆曲。但它们与原剧种的剧本又不相同，是经过老艺人们吸取其他剧种的精华改编而成的。它具体地说明了民间艺人在一个剧种的发展过程中所起的作用，并提供了清朝咸丰年以前的徽调、乱弹等剧种发展融合的具体例证，是京剧史上重要的资料。

《清风亭》马连良饰张元秀，马富禄饰贺氏

马连良他们哪是来唱戏呀。这不是拿着大耙子扫钱嘛。

1955年，北京市的京剧团体虽然名称早已由以前的班社改为剧团，但其基本上沿用了旧的运营体制，是实行“名角挑班制”的民营职业剧团。由于京剧名角在北京过于集中，多数剧团只是名角一花独秀，其他配角的阵容十分单薄，无法上演新编剧目，以至演出水平低下，出现了一些不景气的现象。各个剧团之间虽竞争激烈，但真正步入上升轨道的实为少数。

马连良在公园中游览

首次合团后的马连良、谭富英、裘盛戎

另外，这些民营剧团也分为两种。一种为“民营公助”，即在收入不佳时由政府保底，但政府要派干部协理工作；另一种为纯“私营”体制，政府无权派驻干部在剧团内部，不便于政府对文艺团体的直接管理。当时隶属文化部的中国京剧院已经有了三个剧团，正准备扩编第四个剧团，呈现出一片欣欣向荣的景象。

北京市政府为了改变京剧界的落后现状，决定对其进行行业改革。对部分剧团采取“走出去”的政策，即让他们前往外地主要城市落户，与当地的演员共同打造当地的名牌剧团。同时在京采取“重新组合”的办法，筹备组建北京市的名牌剧团——北京京剧团。

北京市政府决定，组建计划分为两步走。首先，由马连良剧团与北京市京剧二团合并，在1955年底初步完成由马连良、谭富英、裘盛戎领衔的北京京剧团。第二步，于1956年底该团再与张君秋领衔的北京市京剧三团合并，由马连良出任团长，最终形成以马、谭、张、裘“四大头牌”为主演的超强阵容，形成北京市的京剧标杆，乃至全国的一面京剧大旗。

二次合团后的四大头牌

《十道本》马连良饰褚遂良

《群英会》马连良饰诸葛亮，谭富英饰鲁肃

合团的消息一经发布，如同给北京的京剧界打了一针兴奋剂，顿时震动了九城。广大观众以从未有过的兴奋心情热切地期待着合团的演出，特别是马连良与谭富英将同台演出，更是令人欢欣鼓舞。因为在近几十年来的京剧历史上，还从未出现过两大头牌老生同在一个剧团的现象。1955年12月初，为了庆祝北京京剧团的成立，自1日至3日在北京天桥剧场举行三场纪念演出，马、谭分别上演《十道本》、《潘杨恨》、《群英会·借东风》。

戏票很快就被一抢而空。买到戏票的观众就如同过年一样，怀着兴奋愉悦的心情来到剧场，与北京京剧团的演职员们一起共同度过了三天节日般的日子。特别是第三天的演出，观众的热情几乎达到了亢奋癫狂的程度。《群英会》开场后不久，就给了谭富英一个响亮的“碰头好”。当谭所饰演的鲁肃言道：“有请诸葛先生。”之后，观众已经无法按捺激动的心情，齐声喝彩：“好！”此后，马连良在幕后高念一声：“嗯哼。”观众又爆发了一阵兴奋的喝彩：“好！”随着声音，马连良所饰演的诸葛亮缓步走到台前，顿时一片雷鸣般的“碰头好”送到了舞台之上。马连良接念上场对儿：“不惜一身探虎穴，计高哪怕入龙潭。”彩声又起，观众极度的热情丝毫没有减退的意思。特别是两大老生一对话，平时不该有彩声的地方也都是好声一片，许多参加演出的演员都心中纳闷，这是怎么了？从来没见过这阵势，真开眼！

《四郎探母》马连良饰杨延辉，张君秋饰铁镜公主

建团后北京市文化局就派驻了辅导员干部，要求全体演职员必须在艺术素质和思想水准上同时取得长足的进步。二次合团后，大家分别来自三个不同的团体，自尊心都极强，演出时的排名立马成了最现实的问题。为了搞好团结打破僵局，马连良认为首先“四大头牌”应该起到表率作用。他决定马、谭、张、裘互唱开场戏，四位团长都能够屈己让人，下面的团员就不难做工作。在1957年上海演出时，就出现了令观众感动的戏码与排位。

5月14日	5月15日	5月16日	5月17日
裘盛戎《遇皇后》	张君秋《宇宙锋》	谭富英《阳平关》	马连良《三娘教子》
张君秋《春秋配》	马连良《失印救火》	裘盛戎《打龙袍》	谭富英《打棍出箱》
谭富英《南阳关》	裘盛戎《牧虎关》	马连良《春秋笔》	张君秋《断桥》
马连良《一捧雪》	谭富英《乌盆计》	张君秋《玉堂春》	裘盛戎《铫期》

《潘杨恨》马连良饰寇准，裘盛戎饰潘仁美

《雪杯圆》马连良饰莫怀古，李多奎饰傅氏

新组建的北京京剧团全团上下170人左右，“四大头牌”的强大阵容势不可挡，全国没有任何一个剧团能够与之匹敌，剧团所到之处更是备受广大观众的热烈追捧，当地的同行除了投以艳羡的目光外，也只得高挂“免战牌”。北京京剧团一经成立，已经无疑地确立了“天下第一团”的显赫地位，尽管名称前面没有“中国”二字。

《三娘教子》马连良饰薛保

1956年马连良在北影拍摄《群英会》、《借东风》

1956年马连良在北京市京剧工作者联合会上发言

1957年马连良夫妇在上海友人家中

剧团除了日常的在京演出之外，另一个主要的收入渠道是依靠赴外地演出。一般马连良、张君秋带领一队，谭富英、裘盛戎带领另一队分别前往不同的城市演出，最后在一个大“码头”集中。以1957年3月中至6月初的演出为例，北京京剧团的创收能力可见一斑。

3月15日至3月31日，马、张带队于汉口人民剧场演出，分账后收入30554.36元；北京方面分账后收入19624.79元，全团总收入50179.15元。

4月4日至4月8日，马、张带队于武昌湖北剧场演出，分账后收入6742.53元；4月12日至5月5日，马、张带队于长沙湖南剧场演出，分账后收入35554.62元；北京方面分账后收入14401.75元，全团总收入56698.90元。

5月14日至6月10日，“四大头牌”率全团集中上海，于天蟾舞台演出30场，于广场临别纪念演出3场，分账后全团总收入88919.85元。

北京京剧团近三个月的巡回演出，观众人数高达近20万，总收入195797.90元。在上个世纪50年代，这样的收入足以养活一个与之同等规模的剧团一年。北京京剧团自成立以来，每年坚持无偿地上缴政府30万元。身为团长的马连良并没有就此满足，他知道北京市文化局下属的许多演出团体底子薄，困难多，政府方面需要北京京剧团的无私奉献。

代表首都文艺界到埃及使馆出席外事活动

出席全国政协举办的酒会，与溥仪（左二）、崔嵬（右三）等代表祝酒

为了极大地增加演出收入，一次他率领全团前往天津演出，打破了以前的惯例，同时在“中国”和“一宫”进行演出。马连良与谭富英、张君秋、裘盛戎等主演忙得两边跑，在两大戏院之间“赶包”，工作虽然辛苦，可他们却乐此不疲。这样的演出形式可也忙坏了天津的广大戏迷，想看“一宫”又舍不得“中国”，有人干脆也两边“赶包”看戏，过足了戏瘾。北京京剧团的票房收入随之直线上升，天津观众操着幽默的方言说道：“马连良他们哪儿是来唱戏呀，这不是拿着大耙子扫钱嘛！”

一天，《春秋笔》演出结束之后，马连良正要赶回住所休息，汽车没出中国大戏院的门就被一大群热情的观众给围上了，有人用动人的语调问道：“谁是马连良？”原来其中许多观众是没有买到戏票的人，他们整个晚上鹄候在这里，只为能够与他们心目中的艺术家见上一面。马连良打开车门走了下去，一边回答：“我就是。”一边与围上来的观众亲切握手，他的掌声与观众们的掌声相互应和在一起，宛如他和观众之间的鱼水之情。

在街头为群众演唱

与北京京剧团演员游览颐和园

合团以前，演员阵容、经济条件等不允许，没能搞出什么新戏，这不符合马连良一贯的艺术风格。合团之后条件好了，大家的创作热情已经被调动了起来，马连良重点要抓的项目就是搞好新剧目的建设。丰富首都的文化事业建设，为广大观众提供优秀的精神食粮，也是北京市政府和彭真市长交给北京京剧团的主要任务。

周恩来总理、彭真市长到后台慰问马连良、张君秋

《秦香莲》马连良饰王延龄，马长礼饰陈世美

1958年至1960年期间，马连良的创作热情空前高涨，连续主演了六部大戏，其中包括根据传统戏改编的《秦香莲》和《赤壁之战》，以及由老舍编剧的《青霞丹雪》，潘侠风、王雁编剧的《赵氏孤儿》，孙承佩编剧的《官渡之战》，吴晗编剧的《海瑞罢官》。与此同时，他还参与了张派新剧《状元媒》的演出，饰演状元吕蒙正。将自己早期的作品《羊角哀》加以改编，删除了其中迷信的内容，自己出演左伯桃，由裘盛戎饰演羊角哀，又恢复了一出濒临失传的传统剧目《舍命全交》。

《秦香莲》马连良饰王延龄

马连良还特别希望施展一下自己在红生方面的才华，于是他决定上演一出经典红生传统戏《战长沙》。自己扮演关羽，请谭富英饰黄忠，裘盛戎饰魏延。为了把这出老戏唱出新意，马连良特意约请他的文人朋友吴晓铃先生一起共同研究剧本，参阅了大量的历史资料和有关的演出剧本，重新修订唱腔唱词，希望能够给观众耳目一新的感觉。同时又将李洪春先生的“关靠”借来作参考，自己设计了一款“孔雀翎”的“关靠”，既威风霸气又不失优美洒脱。可惜一切就绪后不久，医生不让谭富英再登台，只能留下了一段令人慨叹的遗憾。

《赤壁之战》马连良饰诸葛亮，李少春饰鲁肃

《赤壁之战》马连良饰诸葛亮

《青霞丹雪》 马连良饰冯丹雪，张君秋饰闻淑英，马长礼饰沈小霞

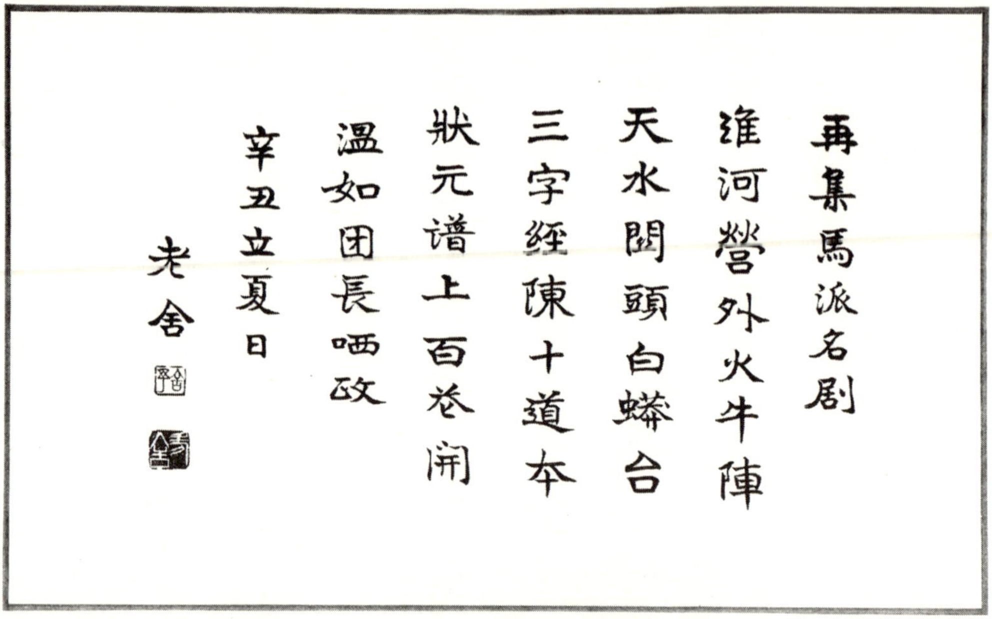
再集馬派名剧
淮河營外火牛陣
天水関頭白蟒台
三字经陳十道本
狀元谱上百卷開
温如团長晒政
辛丑立夏日
老舍

老舍用马派名剧剧名题写的诗幅

马连良和叶盛兰等观看老舍题诗

《赵氏孤儿》马连良饰程婴

在这几部创演的新戏里面，让马连良倾注最多心血的作品就是《赵氏孤儿》。该剧原作者为元代著名剧作家纪君祥，有“中国版古希腊式大悲剧”之称。该剧描写春秋时期晋灵公荒淫无道，重用奸臣屠岸贾并残杀忠良赵氏满门。义士程婴见义勇为抚养赵氏孤儿十五载，终于伸雪冤仇的故事。巨作传承历代久演不衰，是我国戏剧史上的经典之作。京剧的传统剧目中有许多与之相关的剧目，特别是《搜孤救孤》最为广大观众所熟悉。为了塑造好“这一个”程婴，按照马连良自己的描述，可谓是“倾毕生所学于程婴一身”。

《赵氏孤儿》左起：小王玉蓉饰卜凤，张君秋饰庄姬公主，马连良饰程婴，刘雪涛饰赵朔

首先，马连良着重于剧本的立意，要求《赵氏孤儿》的艺术高度达到出于《搜孤》而高于《搜孤》的水准。《搜孤救孤》是一出骨子唱工老戏，许多唱工老生皆能此剧，余叔岩以该剧最为拿手。主要分为四场戏，头场“定计”，二场“见妻”，三场“公堂”，四场“法场”，都是以唱为主。剧情无头无尾，对义士程婴的塑造欠缺说服力。特别是程婴手持钢刀欲杀娘子的情节，更是对程婴形象的极大伤害。

《赵氏孤儿》马连良饰程婴，马长礼饰韩厥

在《赵氏孤儿》的创作中，则要求程婴唱、念、做并重，人物时间跨度十五年，后部程婴的表演必须融入许多衰派老生的技法。马连良把程婴出现的八场戏，做了深入细致的准备工作，归纳为八种不同的情感变化，分别为焦、智、勇、慎、假、愿、痛、欢，但万变不离其宗，在这八个字的推移演化中，突出程婴的主线——“义”。根据人物的情绪、剧情的需要，设计了八个不同的上、下场。在各场次中，大到唱腔、锣鼓，小到身段、台步，都做了精心的编排设计，把程婴这个人物由内心到外在演绎得鲜活生动、感人至深。

全剧按马派本戏的路子增益首尾，既表现了晋灵公的昏庸、屠岸贾的残暴，又表现了赵盾的正直、庄姬公主的忠贞、魏绛的正气，特别表现了程婴见义勇为、舍生取义的大无畏精神，使全剧更加人物丰满、立意鲜明。

《赵氏孤儿》马连良饰程婴，张洪祥饰屠岸贾

《赵氏孤儿》马连良饰程婴，裘盛戎饰魏绛

其次，马连良在艺术手段的运用和处理上秉持着“有所得必有所不得”的原则。毅然舍弃了老本中程婴劝说娘子和法场祭奠公孙杵臼的两场戏，原有的“娘子不必太烈性”等经典唱段也自然随之取消。在“公堂”一场里，开始将“白虎大堂奉了命”一段用“西皮”安腔，后来考虑到还应该保留一些过去的经典，于是按照自己的嗓音条件对唱腔做了新的安排。改为“在白虎大堂奉了命”，避开余派挺拔的唱法，走马派低回委婉的路子。使整段唱腔既有传统的精华，又有创新的内容，令人耳目一新。在“说破”一场中，马连良为了表演程婴的大段说白，要求自己不但要念得字字清楚、声声入耳，而且还要让每一个字有分量、有情感。在念白的同时，脸部还要配合表演出各种表情，来表现程婴的悲痛、激愤和顽强，显示程婴十五年来坚忍不屈的精神。

另外，新的“程婴”有大量做工繁重的戏，需要深刻的内心体会。在“盘门”一场里，导演郑亦秋为马连良设计了一个“跪蹉”的身段。谭富英对导演说：“马先生腰不好，这个身段就免了吧。”马连良认为，这个地方用“跪蹉”最合适，还是艺术第一，毅然不考虑自己的病痛。郑亦秋对马大为折服，认为马连良对艺术太负责任了。

《赵氏孤儿》马连良饰程婴

在“说破”一场中，为了使程婴的形象贴近生活，马连良特意去拜访一位研究古画的专家，向人家请教古人作画时的坐姿，握笔的手法，画画时的眼神、身段等，用以丰富自己的艺术创作。同场，当听到外面突然有人叩门，为了表现程婴被吓得胆战心惊的样子，马连良把少年时代向贾洪林先生学来的“病鬼”（《朱砂痣》中的吴惠泉）身段用在了这里，极其符合此时此刻程婴的心理状态。

在何贤的陪同下接受香港群众的欢迎

《赵氏孤儿》自1959年3月26日首演，到1963年4月赴香港演出之前，四年期间不断演出、不断修改，最终成为马连良晚年的扛鼎之作，成为马派艺术的巅峰作品。在香港演出期间，《赵氏孤儿》红遍香江，演出了六场之多，甚至都卖了站票，也无法满足观众的需要。临别之时，何贤语重心长地说："马先生，应该让您的艺术发扬光大，留传给后人啊！我们这边的电影公司已给中央有关部门打了报告，争取尽快地把您这出《赵氏孤儿》拍成电影，永远保留下来！"

在香港演出《赵氏孤儿》后与女儿静敏一起

香港方面要与长春电影制片厂合拍彩色京剧艺术片《赵氏孤儿》的报告送到江青手上，江青在上海就问柯庆施："《赵氏孤儿》是托何人之孤？报哪家之仇啊？"柯庆施立马疾言厉色地给《赵氏孤儿》定了性，"复仇主义"。三言两语就把马连良呕心沥血的巅峰之作"枪毙"了，不但不能拍电影，从此也不能再上演了，马派艺术的巅峰之作，被冠以"毒草"二字，惨遭禁演。

后来，马连良在一次谈话中袒露了他对"禁演事件"的心声："在《赵氏孤儿》一剧中，我倾尽几十年所学、所会，又经过几十年的舞台经验才创造出了程婴这个人物，没拍成电影，怎么往下传哪？我也64岁了，再演也快演不动了，愧对先师和后人哪！"说着说着，老泪纵横，痛心疾首。

马连良在家中修改剧本

校长大谈"跑龙套"

二十世纪六十年代初期，中国正面临着三年自然灾害的巨大困境，人们都在勒紧裤带过日子，整个社会需要制造轻松和缓的氛围，因此文艺政策也变得相对宽松，出现了一批优秀的作品。马连良除了成功地演出了《赵氏孤儿》外，开始整理《马连良演出剧本选集》以及《身段谱》等，希望把自己多年来的艺术心得总结成书籍，以利京剧事业的传承。

马连良夫妇与乒乓球世界冠军庄则栋、邱钟惠

在过了六十岁生日后，尽管医生说马连良的身体再演十年戏也不会有问题，但他对自己表演有着深深的体会。老年时期受生理因素的影响，有些表演方式或动作就不能按照原样使用。但是由于演员积累了多年的舞台经验，则从其他的地方增加了表演的内容，巧妙地代替了他所不能的原样表演，使观众感觉到比原样的表演更加精湛优美，这就是老年时期表演的“深”。但是青壮年时期的表演总是劲头十足，一丝不苟，给人以昂扬向上的精神，观众看了非常解气，这就是青壮年时期表演的“足”。要将艺术真正地传承下去，就必须让后学者既要学到“深”，也要学到“足”。要让他们善于选择将二者糅合，不能有所偏废。

与北京京剧团学员班全体师生合影

1962年，马连良受周恩来总理和彭真市长的委托，被任命为北京市戏曲学校校长，开始了他系统化的传承工作。学生们知道马连良担任校长的消息后十分兴奋，都热切盼望着校长发表一场别开生面的演讲，谈谈一代宗师的成长经历。大家都万万没有想到，他却给学生们大谈了一番如何“跑龙套”。

马连良首先强调，一般人认为龙套在戏里没有唱、念，没有动作表演，是最简单的工作，因此不受重视。其实龙套要会唱各种曲牌，要会搭架子（京剧行话：在幕后的念白）、喊堂威、喝道，要会跑各种式子。而声音的高低、步伐的快慢，都直接配合剧情的需要。现在有许多人认为这些都不重要，该唱的地方不唱，该念的地方不念，也就直接破坏了剧情与戏剧气氛。

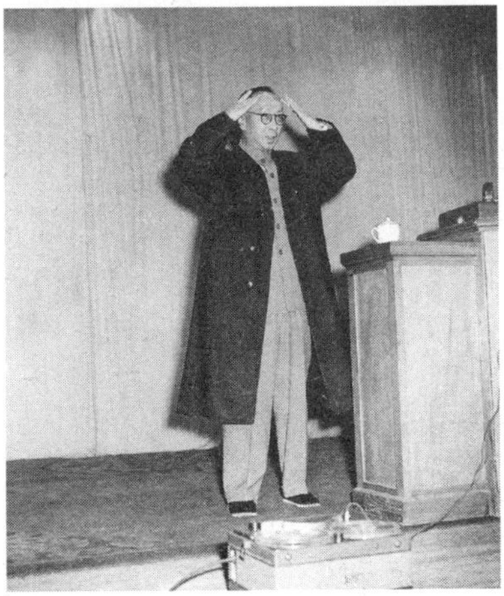

给戏校学生上大课

马连良还告诉学生们，跑龙套对年轻的演员大有益处。既能熟悉戏，又能增长舞台阅历。这个特别优待的观摩位子，是花钱买票都找不到的。他15岁时，有一次在怀仁堂演堂会，富连成演白天戏，晚上是谭鑫培先生的《珠帘寨》，派了科班的龙套，但没有他什么事。为了有一个近距离学习谭老的机会，马连良主动找“龙套”说情，要求与他调换。于是在台上认真观摩，体会谭老在“坐帐”、“见二皇娘”、“收威”及开打等各场的表情。从这些地方，使马连良懂得了表情的重要性，并逐渐感悟到揣摩剧中人的内心世界，对以后表演的提高起了极大的推动作用。

在家中给老生组学生上课

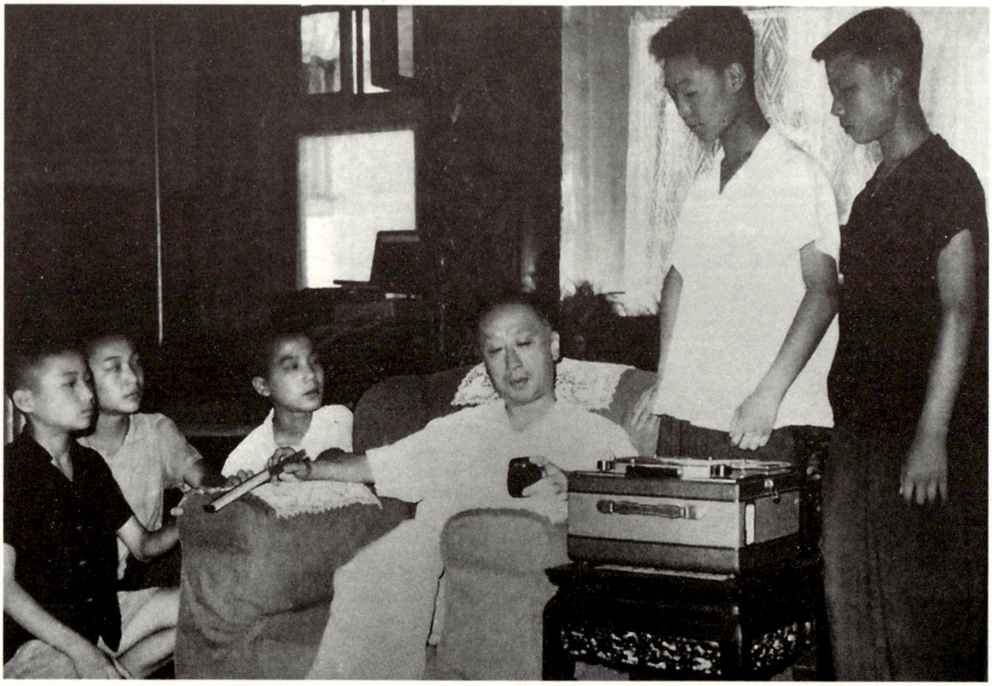

给学生指导《审头刺汤》

谈到表演，马连良要求学生们要做到对全部剧情的融会贯通，就是要会抱“总讲”。在科班时，马连良总是把剧本背得滚瓜烂熟，遇有同学生病不能演出，萧长华先生就让马连良代替上场，知道他对全剧心中有数。其实抱“总讲”的最大好处就是对剧中所有人物全面了解，使本身角色在舞台上的表现达到更加完美的境界。比如《四进士》，演出宋士杰一角，不能只揣摩宋士杰一人的内心活动，有关的杨春、杨素珍、毛朋等全体人物都要掌握，系统贯穿整个剧情。对每个人的唱词及文武场也应该熟悉，这样才能紧密结合，精益求精。

在融会贯通的基础上，马连良为学生们分析了作为一个优秀的京剧演员必须经过的五个阶段，即嗜、会、通、精、化。“嗜”就是要对京剧有无比的喜爱。“会”就是要学会京剧的基本表演手段。“通”就是要了解这些表演手段表达了什么感情，以及它的基本知识。“精”就是通过勤学苦练，把表演手段掌握到纯熟的程度，用来表达感情。“化”就是把一切技巧融入到自己的表演中，自由地表达人物情感，达到忘我的境界。

给学生指导《五花洞》

在这一时期，马连良传承艺术的另一个方式就是广收门徒，通过对弟子们的口传心授，将自己多年的舞台心得悉心传授给他们。许多优秀的马派传人——梁益鸣、冯志孝、张学津、张克让、迟金声、朱秉谦以及越调名家申凤梅等——都是这一阶段拜马连良为师的。

给弟子申凤梅扮戏

给弟子冯志孝说戏

在家中欣赏古玩

由于自己深感年事已高，许多优秀的传统剧目已无法再现其应有的风采，马连良心中甚是不安，唯恐经典的艺术在自己的手上失传，而有悖“替祖师爷传道”的师训。因此，1960年前后，他把大部分精力放在课徒授业方面。

另外，党和政府的各级领导也十分关心老艺术家对青年演员的“传、帮、带”工作，鼓励青年演员向老先生们认真学习，热心地为他们穿针引线，希望老艺术家们为新中国培养出一批优秀的青年艺术家。特别是在梅兰芳去世以后，马连良在文艺界的地位举足轻重，受到了中央和北京市政府各级领导的关心照顾，弟子朱秉谦的拜师梦就是在这样的大好环境下才得以实现的。

原来，1952年马连良自香港回到北京后不久，王瑶卿老先生对他说：“连良，哪天你有空儿上我们学校去，我那儿有个学生特像你。你去瞧瞧，合适就收了吧！”马连良心想，王大爷是行内有名的“通天教主”，自己年轻时就受其指点，现在又担任戏曲改进局戏曲实验学校（中国戏校前身）校长，他的推荐一定错不了。另外，马连良在外漂泊了四五年，一直没有发现能够继承自己衣钵之人，如有基础特别好的学生，他自然也十分高兴，希望尽快能够与之相见。

王瑶卿推荐的这个学生就是朱秉谦，他在戏校里师从雷喜福，打下了深厚的艺术基础。当时戏校以旦角戏为主，老生担纲的戏极少。朱秉谦十七岁即以一出《四进士》脱颖而出，内外行皆称“活脱儿马连良”。

正当马连良与王瑶卿兴高采烈地在戏校里寻找朱秉谦时，朱秉谦却接到了手握实权的教务主任李紫贵的“命令”。让朱秉谦火速躲到女生宿舍，没有通知不能出来。马连良和王瑶卿都被蒙在鼓里，朱秉谦更是不明就里，一次难得的师生会面就被戴着有色眼镜的干部武断地取消了。

某些当权者竟不顾朱秉谦的个人意愿与其艺术发展轨迹，执意要求朱去学周信芳，不要学马连良。一晃十年过去了，朱秉谦的拜师问题始终没有解决。最后，刘仲秋等领导认为，朱秉谦不适合学周，今后的艺术发展方向还是拜马最合适。在他们的鼎力支持下，朱秉谦终于在1962年立雪马门，可一个优秀青年演员的艺术青春就这样被荒废了十年。马连良感慨地对朱秉谦说：“十年了，咱们爷俩儿还是有缘，有缘。”

马连良接受朱秉谦拜师时合影

给弟子张学津说戏

自马连良回归新中国以来，京剧界的一些当权者出于某种政治因素的考量，一直暗中执行着“扬周抑马”的政策。人为地给马、周这两位几十年的老友制造矛盾，通过朱秉谦的“拜师事件”，就可见该政策之一斑。

由于朱秉谦有多年的舞台经验，对马派艺术有了一定的了解和认知。马连良给他说戏的起点就比较高，从《赵氏孤儿》的八个上下场开始。而弟子张克让当时才十五岁，于是采用循序渐进的教学方法。先从《清官册》说起，再说《借东风》、《奇冤报》、《定军山》等。为了让张克让等学生能够更直观地学习，马连良和老艺术家们一起与学生们共同演出了一场《清官册》，使学生们受益匪浅。梅葆玥、尹月樵以前偏重唱工戏，为了让她们在表情、身段上多锻炼，马连良给她们说了《打严嵩》和《问樵闹府》。冯志孝时常看老师的演出，还经常模仿老师的念白、动作、唱腔，对马派艺术烂熟于心。马连良认为冯在表演上还欠缺火候，于是给他说偏重做工的《失印救火》，再教《淮河营》，使冯志孝的演出迈上了一个新的台阶。张学津的领悟能力比较强，马连良对他采取熏陶式的教学方法。除了平时说戏外，让张没事就长在马家。经常带着张学津一起散步、参观、洗澡、吃饭，让他领会“功夫在戏外”的道理。

《清官册》马连良与弟子张克让同饰寇准

在马连良几十年的传艺授徒过程中，始终坚持因材施教、不囿本门的原则，并不一定要求所有的学生亦步亦趋、萧规曹随。他时常根据学生的具体艺术条件来培养人才，哪条道路最适合学生的发展前途就走哪条道路，甚至认为自己的弟子可以不继承马派艺术。

早年的弟子李慕良琴艺出众，马连良认为李在操琴方面发展下去会比唱戏有前途，于是让李拜著名琴师徐兰沅为师，逐渐把李慕良培养成了一名京剧音乐家。弟子王金璐因个人兴趣和嗓音条件发生变化，从老生改习武生，马连良也是大力支持。他认为，王能够在自己的艺术实践中把马派的东西运用其中，就说明他的教学达到了目的，王金璐也时常称自己为“马派武生”。

《战宛城》弟子王金璐饰张绣，具有马派的文皮、杨派的武骨

与弟子李慕良一起研究唱腔

有些学生对马派艺术十分痴迷，但马连良却让他们在学马派的同时兼学其他流派。比如，言少朋是众所周知的“马迷”。当年为了观摩马连良的艺术，他与迟金声两人自费买火车票追随扶风社到外地。晚上到剧场里“站大墙”看戏，白天在小旅馆里复习，其用功的程度可见一斑。当言少朋的艺术成熟以后，马连良觉得言派艺术无人继承，于是鼓励少朋多唱言派戏。后来看到言少朋亦言亦马的艺术风格，马连良心中甚感欣慰。

《卧龙吊孝》弟子言少朋饰诸葛亮。所演虽为言派名剧，其扮相、做派仍极具马派之风

与弟子童祥苓

弟子童祥苓热爱马派艺术多年，拜师后就整天跟在先生身边，希望自己多受熏陶。后来由于个人及家庭原因，童祥苓不得不离开北京。临行前马连良对童说："你给我磕了头，你是我徒弟。你在外面唱戏称'马连良弟子'没问题，但不打这个旗号可能对你更好。"马连良了解童祥苓的嗓音条件以及外地演出市场的客观因素，认为童兼演余派戏对他个人的艺术发展更有利，才说了这番语重心长的话。后来，童祥苓进京演出，马连良看戏后把弟子叫到家中，认为童还有必要在"身上"多下工夫，于是给他说了一出《问樵闹府》。同时告诉弟子，这出戏余三爷当年演出时他常看。

在马连良的众多学生中，有一位是自称"程派青衣、马门弟子"的李世济。在程砚秋故去之后，马连良曾意味深长地对李世济说："程先生故去了，我有责任关心你们的成长。"为了督促李世济进步，马连良经常到李的老师赵桐珊处了解情况，有时还去"长安"看她和李金鸿练功，不时去戏院看李主演的剧目，对她的舞台调度、表演动作、服装颜色等提出自己的意见。

《三娘教子》马连良饰薛保，李世济饰王春娥

一次马连良与李世济合演《桑园会》时，在舞台上马连良给李世济上了难忘的一课。在演到秋胡让罗敷搀他起来时，罗敷用手势表示要秋胡向她叩三个头。李比划完了之后，马忽然冒出一句戏文里没有的词："我不懂啊！"李又比划了一次，马继续说道："我还是不懂呀！"这下把李世济急得直出汗，心想这老先生怎么在舞台跟我开玩笑啊，他要总说不懂，演到什么时候是完呀！于是，李世济撩起水袖，露出胳膊，又用力地比划了一次。马连良才说："噢，这次我看明白了。"回到后台马连良对李世济说："这段戏全靠手势，你用水袖挡住手指，谁知道你比划什么呀！演戏是演给谁看的？演给观众看的。要让观众看明白，光自己明白不行。"马连良的这些话深深地印在了李世济的脑海里，懂得了心里要永远装着观众的道理。

马连良因材施教的教育方针不仅适用于自己的学生弟子，同样也适用于自己的子女。长子崇仁自幼热爱京剧，从中华戏校出来后就开始在李万春的班社里搭班演出。业内许多人认为，马连良一定会让崇仁继承马派艺术。在京剧界，子承父业是顺其自然、理所应当的事情。不但观众容易接受，而且也有利于今后的成名，是一条相对便捷的成功之路。但马连良却不以为然，他对崇仁说："你到万春那里就是增加舞台经验，让来什么活儿就来什么活儿，不许挑肥拣瘦。要做到多演、多看、多学、多问，即使现在用不上，将来还可以给别人说戏。"

马连良早已看出，以崇仁的艺术条件继承马派有些揠苗助长，不是助他成功的最佳途径。而崇仁却是成为"戏包袱"的好材料，如果让他在行内向广泛、杂博方向发展，将来定能培养出一名优秀的后台"坐中"，也就是后来人们说的"舞台监督"。在崇仁经过多年的舞台锻炼后，马连良又让他多方学艺，先后拜武生名家何连涛、老生名家雷喜福、花脸名家侯喜瑞为师，使崇仁的艺术修养不断提高，最终把他培养成为京剧界难得的人才。

《闹昆阳》马连良饰马援，长子崇仁饰马洪

马连良与夫人陈慧琏在中山公园赏花

马连良告我的刁状。

他搅了我好几年了。

在马连良众多子女中，大多数都热爱京剧艺术，但马连良却没有让他们从事京剧事业。因为在旧社会里艺人的地位低下，虽然有个别人经过努力已经成名成家，但还是时常遭到有权有势阶层的欺压与凌辱，所以马连良希望自己的子女能够通过上大学改变自身的社会地位，同时也让他们成为对社会有用的人才。三子崇礼和五子崇智在学校里都是活跃分子，以票友的身份唱上两出戏不是问题。别人都说这两个孩子有唱戏的天分，但马连良始终坚持让他们继续学业。

解放以后，以前的戏子成了“文艺工作者”和“人类灵魂的工程师”，艺人的地位真正地得到了极大的提高，马连良才同意幼子崇恩、幼女小曼去学戏。从此，每当节假日或家庭聚会的时候，马家院中时常飘出发自内心的歌唱。特别是马连良与夫人陈慧琏都喜欢唱《奇冤报》，一个是马派宗师，一个是余派票友，唱起来风格迥异却各得其妙，令不少内行人士所称道。

1957年马连良的全家福像

马连良夫人陈慧琏之剧装照

马连良与徐兰沅、盖叫天、萧长华一起出席1964年全国京剧现代戏观摩大会开幕式

时间到了1964年后，喜欢传统戏的人们不得不偃旗息鼓，现代戏在各级领导及政府部门的支持下开始大行其道。7月初，文化部在人民大会堂举办的“全国现代京剧观摩大会”，马连良和萧长华、盖叫天等老艺术家被请上主席台，以示对大演现代戏这个新生事物的支持。在此之前，个别领导也找到马连良谈话，希望马连良在老艺术家中做一个表率，能够亲自参演现代戏。

《打渔杀家》幼女小曼饰萧桂英

《杜鹃山》前排左起：裘盛戎、马连良、赵燕侠、谭元寿

马连良在京剧界成名之后，在大半生的艺术生涯中都是演出传统戏，而且都是行内人说的“站当中间儿的”（主演），从未演出过现代戏。为了不辜负领导的期望，同时也表示自己对这一新生事物的支持，马连良当即表态：“就是让我来一个打旗的也行！”果然，在北京京剧团所排演的《杜鹃山》中，马连良被安排出演一个三路活儿都够不上的“郑老万”，该人物负责在“铁血队”里打红旗。

《杜鹃山》演出后，周恩来总理与马连良交谈

《杜鹃山》马连良饰郑老万，裘盛戎饰乌豆，马长礼饰温七九

马连良自身对此倒没有什么怨言，反而觉得通过这个小角色的实践，能够让自己渐渐摸索演出现代戏的路子。虽然是一个小角色，他一样认真对待。导演总是说，马先生的戏准备得充分，基本不用排。为了塑造好这个农民形象，马连良在家中还冥思苦想，希望给“郑老万”在戏中找点儿“俏头”。于是自己设计了一个随着锣经绕烟荷包的身段，随着最后一锣，烟袋正好别在腰间。

为了让实践中的现代戏早日步入正轨并少走弯路，马连良本着对艺术负责任的态度，直抒胸臆地表达了自己对现代戏创作中的一些意见。首先，他认为有些新设计的唱腔脱离了京剧的本体，令人觉得怎么别扭怎么来。这种唱腔让人难以接受，让人学不会，让人退避三舍，这样不易于现代戏的推广。另外，有些人认为现代戏的服装应该从生活中来，甚至建议将生活中的破衣服消毒后直接穿在舞台上。马连良认为，这种又脏又破的服装比家里的还惨，在家里看就行了，人家来剧场干什么？这种一点儿都不美的东西，怎么能给观众艺术的享受？让马连良想不到的是，他对现代戏的满腔热情，已经被人记录在案，在不久后就成了他“反对现代戏”的铁板干证。

与同事们一起排演《杜鹃山》

在“郑老万”之后，马连良又参演了《南方来信》，饰演一名越南老游击队员杨老青。在小戏《年年有余》中，饰演老农民雷老四。他一心希望在现代戏中找到一个能够发挥自己流派风格的角色，而这三个带有“老”字的人物，却没能够实现他的愿望。

当马连良得知剧团有可能排演新戏《红岩》时，便主动要求出演华子良这一角色。他认为自己有许多衰派老生戏的演出经验，完全可以把它运用到华子良这个人物身上。在他向彭真市长请示之后，彭真针对江青的阻挠说了句：“不要不准人家革命嘛！”不料这却激怒了主抓现代戏的江青，她恼羞成怒地说：“马连良告我的刁状，他搅了我好几年了！”从此，马连良被打入另册，他的灾难也即将来临。

其实，就在马连良积极参与现代戏的时候，江青已经掌握了主抓现代戏的大权，而马连良早已被江青排除在现代戏的“体制”之外。文艺界的人们对政治均不敏感，江青有意渗透京剧界的种种迹象早有表现。

《年年有余》马连良饰雷老四

她对北京京剧团采取“抓小放老”的政策，即抓住以青年演员为主的“小团”，放逐以老艺术家为主的“大团”。一次她看过“小团”谭元寿、李世济等主演的《龙凤呈祥》后很严肃地告诉演员，为什么观众只有三百人，每一个主演的毛病在哪里，必须在哪些方面加以改进。另一次她看过马富禄等老艺术家演出的《送亲演礼》后，第二天打电话把剧团的领导大骂一顿，说解放这么多年了，你们还在舞台上污蔑劳动人民。顿时搞得全团上下大为紧张，不理解为什么江青突然对“咱们”这么“关心”。

《南方来信》马连良饰杨老青，李世济饰阿霞

《年年有余》马连良饰雷老四，张君秋饰刘金玉，李淑玉饰雷大娘

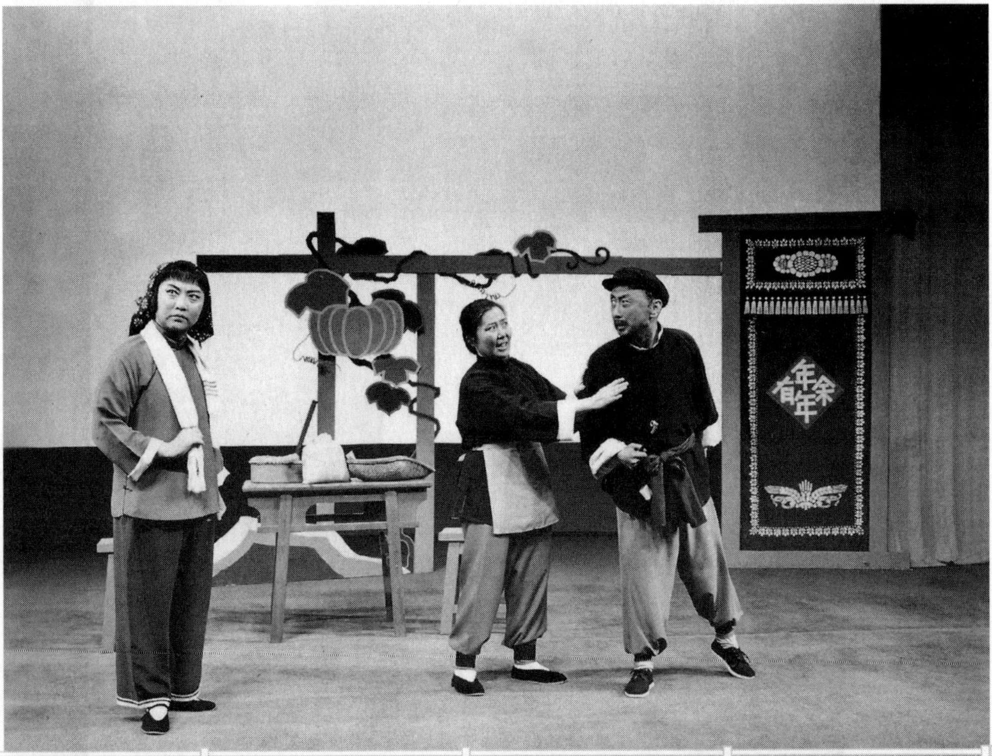

《海瑞罢官》带来了灭顶之灾

《大红袍》马连良饰海瑞

马连良本以为不参与江青领导的剧组就可以太平无事，不想1965年11月10日在上海《文汇报》上发表的一篇文章，把他卷入了文化大革命的无边狂潮之中。文章名为《评新编历史剧<海瑞罢官>》，是姚文元精心炮制、九易其稿的作品，称《海瑞罢官》是为彭德怀翻案的“大毒草”。而它的出现，也正式吹响了文化大革命的序曲。马连良作为《海瑞罢官》这出戏的主演，当然是首当其冲、在劫难逃。

1959年时，毛泽东认为海瑞是“敢于直谏、为民请命”的清官，号召广大干部应该学习海瑞的精神，文艺界更应该宣传海瑞。为了响应毛主席的号召，北京京剧团决定排演宣传海瑞的剧目《海瑞罢官》。

马连良在科班时就曾主演以海瑞为主的《五彩舆》，并且一唱而红，《五》剧逐渐成为马派代表剧目。他早年把这出连台本戏改编成两天演完的八本戏，取名《大红袍》，合团后又精编压缩成一天可以演完的剧目，可以说为了该剧煞费苦心。因为海瑞是回族，马连良为历史上有一位这样的“咱们人”感到骄傲。他希望多演几出宣传海瑞的剧目，完全是出于与海瑞之间的同胞情结。

马连良在塑造《海瑞罢官》中的人物时决定不照方抓药，要重新另起炉灶。因为《五彩舆》中的海瑞不过是个淳安县令，资历浅、年纪轻，在宦途上的磕碰也不多，有些初生牛犊不怕虎的劲头。但《海瑞罢官》中的海瑞已经五十四岁，是应天巡抚。虽然他强项不改，可是阅历已深，懂得机智，对付敌人考虑战略战术。《五彩舆》中海瑞的对手不过是个路过的贪官，而《海瑞罢官》中海瑞的对手却是有着庞大封建官僚势力网络的"江南第一乡宦"，且对海瑞曾有救命之恩。基于这样的一些人物分析，马连良在创作过程中运用唱、念、做以及水袖、髯口、服装等一切艺术手段，对"这一个"海瑞进行了完美的塑造，受到了广大观众的热烈欢迎。马连良怎么也想不到，他响应毛主席号召煞费苦心编排的《海瑞罢官》，却给他带来了灭顶之灾。

《海瑞罢官》马连良饰海瑞

《海瑞罢官》马连良饰海瑞，何盛清饰海母，李毓芳饰夫人

《海瑞罢官》马连良饰海瑞，裘盛戎饰徐阶

《海》剧完全是根据政府的号召才开始创作的，怎么又突然成了“大毒草”，这令马连良难以理解。在姚文元的文章中，特别点了三篇“吹捧”《海瑞罢官》的文章的名，其中包括马连良署名的文章《从<海瑞罢官>谈到清官戏》。其中写道：“人们在戏里表扬清官……是在教育当时做官的，起着‘大字报’的作用。”这无疑成了马连良向党发起进攻的“罪证”，性质极其恶劣，成了造反派红卫兵手中的“把柄”。从此，无尽无休的大批判狂潮向马连良扑面而来，他带着难以理解的诸多疑问走进了牛棚。这些疑问令他迟疑彷徨，令他求证无门，令他突然苍老，令他心力交瘁。

1966年6月5日，针对马连良的第一张大字报出笼后，他又开始了一段提心吊胆、战战兢兢的日子。经过了反反复复的抄家后，马连良的四合院成了红卫兵“西城纠察队总部”。每天进进出出的红卫兵不知有多少，马连良有时甚至觉得在家中呆着还不如在牛棚中安全。他最怕红卫兵知道他在家中，因为他们随时可能把他传唤出来羞辱一通，令人的尊严扫地，这是他最不能接受的。

1960年《海瑞罢官》首演时演员与嘉宾合影

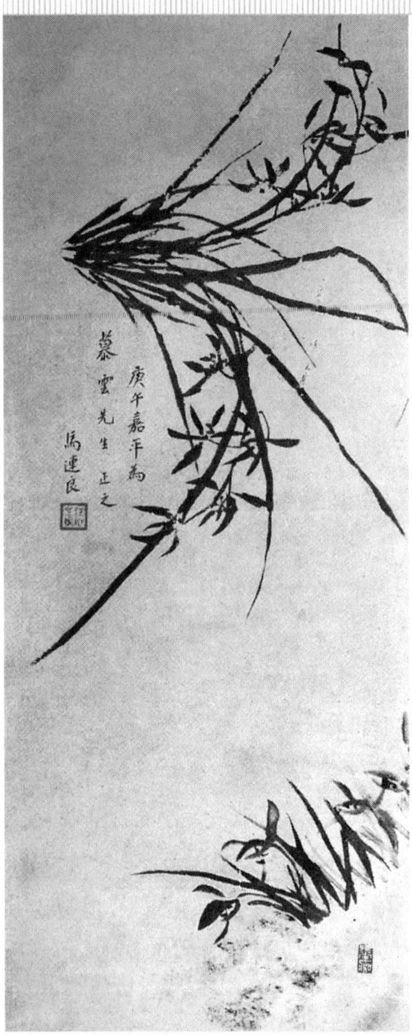

马连良绘画手迹

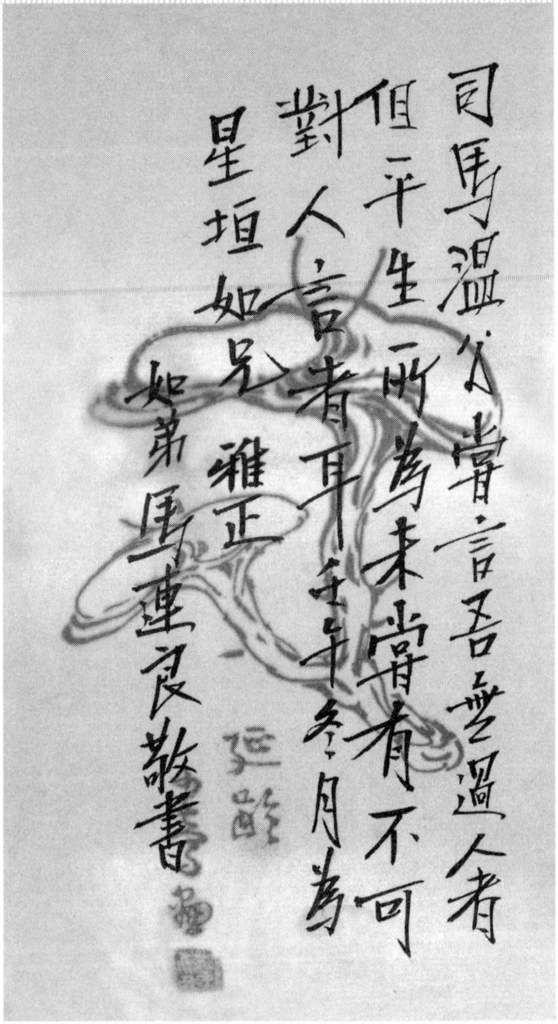

马连良书法手迹

在“文革“之前，马连良的幼子崇恩为了给父亲解闷，养了一只德国名犬。这只狗通体乌黑，皮毛中泛着闪闪的光亮，马连良给它取了一个有点京味儿的名字——黑子。全家人都非常喜欢黑子，小孙子马龙特别愿意和这只可爱的动物一起玩耍。马连良为了逗孙子玩，时常用手杖引逗黑子站立起来或者让它原地旋转，这成了他晚年的弄孙之乐。

黑子在安静的时候更是仪态出众，两条前腿直撑地面，后腿平卧，整个身体呈直角三角形蹲在地上。双耳竖立，头颅骄傲地微仰，两只眼睛总是平和而机敏地注视着眼前的一切，气质高贵，神圣不可侵犯。

当“文革”爆发后，红卫兵蛮横地闯入马家进行抄家时，黑子明白主人遭难，于是冲着红卫兵不停地咆哮。如果没有家人使劲地拉住它，它早已奋不顾身地扑向了打砸抢的红卫兵。因为在它的记忆中，人类向来是理智、友善、和蔼可亲的，而如此疯狂、凶恶、丧心病狂的异类却从未见过。红卫兵们想不到这里还有一只“反动透顶”的狗崽子，于是齐举棍棒欲将黑子立毙杖下。在马家人的百般阻挠下，小将们才愤愤然离去，但口中还念念有词，誓将黑子置之死地而后快。

马连良正在为黑子的命运担心，胆大的弟子王金璐前来家中看望他。马连良像见到了救星一般，指示王金璐快快带着黑子逃命去吧。黑子两眼直勾勾望着马连良，不愿离开他半步。马连良无奈地向它挥了挥手，黑子才懂事地向主人做了深情的告别，一步三回头地离开了马家。一路之上默默地低头走着。来到王金璐家后突然一头扎进床下，任凭怎么呼唤，再也没有想要出来的意思了。三天之后，黑子气绝于王家床下。“文革”的到来，令一只与世无争的动物竟遭到如此下场，何况人乎！

1966年12月14日凌晨，连遭迫害、身心疲惫的马连良再也支撑不下去了，因突发心脏病住进了北京阜外医院。天亮之后，子女们都赶来医院看望父亲。马连良始终浑身无力地躺在病床上，不愿多说一句话。他知道自己在劫难逃了，心情反而平静了许多。他望着夫人陈慧琏喃喃地说：“我至今不明白，我怎么了？我为什么成这样了？不明白！”

见到长子崇仁之后微微地睁开了双眼，忽然问了一句话：“崇仁，老薛怎么样？傻子怎么样？”崇仁马上回答：“他们都没事儿，还挺好的。”马连良听到后轻轻地点点头，好像心里有了一丝安慰，不再说话了。老薛就是北京京剧团的党委书记薛恩厚，是一位懂艺术的老干部，与马连良一起共事多年，对马一向十分尊重，是马连良认为的好干部。傻子是裘盛戎的外号，他是马连良的好同事、好朋友。马连良听说薛、裘二人都遭到了批斗还挨了打，心中十分惦念。虽然自己已经走向了死亡的边缘，可对他深爱的同事们却念念不忘。

12月16日，马连良终于摆脱了各种欺辱、折磨和伤害，离开了这混沌不堪的世界，在他的理想天国中得以解脱。没有花圈，没有挽联，没有盖棺论定的祭文，没有歌功颂德的悼词，一代开宗立派并引领京剧前行的艺术大师，就这样静静地离开了这喧嚣扰攘的凡尘，他那洒脱飘逸的唱腔从此成为千古绝唱。

“文革”期间，马连良的家人都被打入了“另册”，马门弟子也惨遭迫害，大家都在压抑愤懑中默默地活着，默默地在心中怀念着失去的先人，默默地向他献上一炷心香。马连良的挚友、中国社科院研究员吴晓铃先生虽为一介文人，却是铁骨铮铮的硬汉。在“文革”中，吴先生以敢言“我吴二爷就是不批邓”著称。吴氏夫妇不时探望、慰问患难中的马连良家人。马夫人陈慧琏为了表达对吴先生的感激之情，将抄家后找到的一支马连良所遗手杖相赠。吴晓铃遂作《手杖诗》一首，并请王世襄铭炙于手杖之上。他每天拄着手杖，如同握着老朋友马连良的手一般，表达了马、吴两人之间深厚的情意。

《手杖诗》云：南诏藤兮楚牛角，裁做杖兮何卓卓。温如玉兮长相握，思故人兮沉心曲。

1962年，马连良与吴晓铃教授（前右）及弟子王金璐、李墨瓔夫妇组成《马连良演出剧本选集》编纂小组

"文革"后马连良家属与吴晓铃教授再聚首

这沉积在胸中多年的心曲，终于在十年动乱结束后，唱出了人们的心田。马连良的冤案得到了平反昭雪，热爱马连良及马派艺术的人们终于迎来了他们翘首期盼的春天。1980年，北京市在"文革"后第一次举办纪念老艺术家的诞辰活动，马连良得到了这个荣誉。马派传人们从北京、上海、宁夏、新疆等地齐聚北京，为把这次纪念演出办得隆而重之，大家七嘴八舌、各抒己见。有一位老艺术家想起往事不经意地说，当年我与马先生合作……话音未落就立即被有"李大炮"之称的李万春打断，李说："不对，你我之辈与马先生一起演出谈不上合作，您对我们来说，除了提携，只有提携。我虽然七十岁了，是马先生的头一个学生，但为了这次纪念演出，派我什么活儿我就来什么。因为马先生为了艺术从来就是这样，我们要传承的也正是他的这种精神！"

《龙凤呈祥》演出开始后，当马最良头戴马连良设计的立龙相貂、身穿马连良的缃色太阳蟒出现在舞台上的时候，广大观众一浪高过一浪的轰然喝彩声立刻送上了舞台。当他饰演的乔玄演唱“劝千岁”时，观众们又立即变得鸦雀无声，大家都屏住呼吸聆听这段马派经典，生怕落下了一个字。“马派，老马派，真正的马派！”大家异口同声地品评着，对马派艺术的眷恋与渴望之情油然而生。

马连良弟子言少朋此时身体已经患病，气息较弱，语速也略显缓慢，由他在“回荆州”中饰演鲁肃。从上场后的碰头好开始，跟着唱六句散板、与周瑜的对白，其间彩声不绝，直到最后一边念“如今不听我言语，中计败兵后悔迟”，一边翻水袖后退，好声送下。不到十分钟的戏，彩声不绝于耳。言少朋来到后台后，许多青年演员都向他表示敬佩之意。有人说：“言先生，都像您这么唱戏可太过瘾了。”言少朋说：“台下的好是给我的，可都是冲着我们先生的。”

1980年，马连良先生诞辰80周年纪念演出后，陈慧琏与李万春、张君秋、马小曼合影

1980年，马连良先生诞辰80周年纪念演出后，彭真委员长与陈慧琏、马派传人及主要演员合影

弟子张学津当时还在上海工作，他为了能够把马派艺术完美地继承下来，每天在后台把马连良的所有服装一件一件地展开，然后对服装的形制、颜色等进行记录。他也像当年的马连良一样，对每一个细微的纹饰都不放过，用笔把纹饰拓在纸上。最后，按照自己的尺寸进行复制。正是他这种对艺术执着的追求精神，成就了他今天作为马派艺术领军人物的地位。

张学津在给他的弟子说戏时特别强调，每一个人有自己与他人不同的嗓音条件，我们在演唱和念白时不可能与马先生一模一样。因此，我们可以根据自身的条件有所发挥，但是我们必须要抓住的是马先生的神。只有我们心里领会了他的神，我们才能与他相通。他还对学生们说，你们在演出时可以根据个人当时的感受有所动作，不一定与马先生一样。但是像《赵氏孤儿》中的八个上下场，你们必须跟马先生一样，因为那是经典，是无法逾越的。要有所为，有所不为。马先生就是这么教我的，我把这些传给你们。

马崇仁为马派再传弟子穆宇指导《四进士》

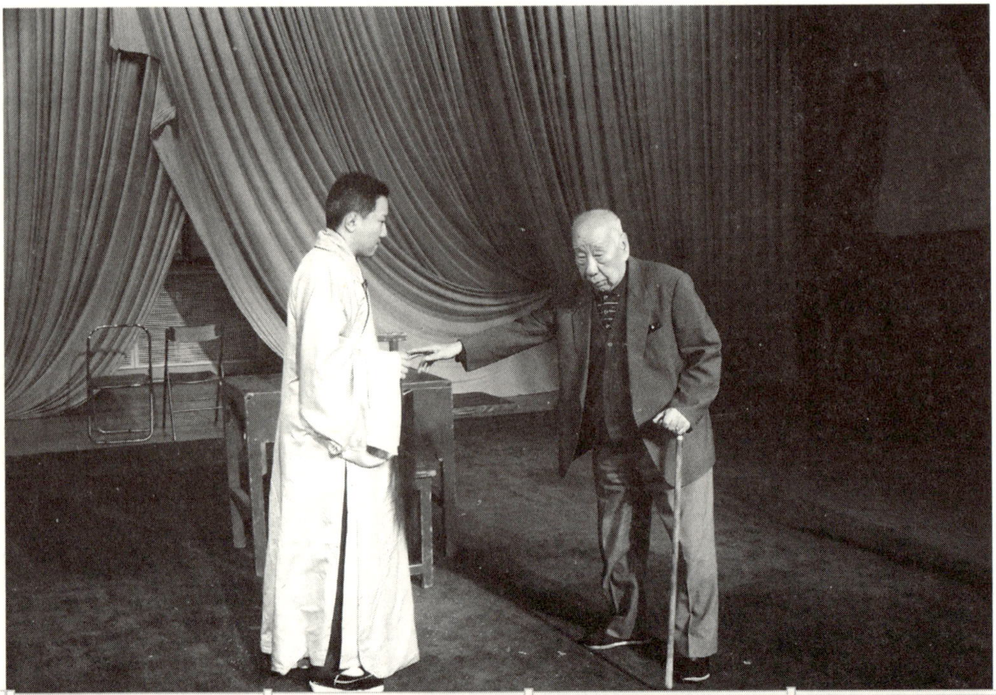

2001年，马连良先生诞辰100周年纪念演出后，全国政协主席李瑞环、中宣部部长丁关根、北京市委书记贾庆林与马连良家属、马派传人及主要演员合影

表演艺术靠的就是人的传承，而对马派艺术理论上的总结，则更加有利于传承人与马连良之间的心灵沟通。著名京剧编导范钧宏先生曾把马派艺术总结为八个“最”，即第一，成名早，享名时间最长；第二，群众面最广；第三，剧目（包括创作剧目）最多；第四，灌制的唱片（包括录音）最多；第五，最讲究服装、扮相，注意服装的改革，注意扮相美；第六，最善于发挥传统戏曲音乐的优势；第七，最重视整体性；第八，最重视形式美。

马连良家人在香山墓地

2009年发行的《马连良舞台艺术》纪念邮票

编剧家翁偶虹先生称赞马连良为“欲得人人服，须教面面全”。吴祖光先生认为马连良开辟了京剧领域的一片新天地，他用杜甫的诗句形容马派艺术，“骅骝开道路，鹰隼出风尘”。欧阳中石先生则更加直接地说：“在马连良先生之前，他这种风格的艺术只见端倪，却没有开出花朵，而在他这里却开出了花。马先生的艺术不是跟得上时代，而是开辟了一个时代。”吴小如先生在他的论著中明确提出：“从1840年以后的京剧按时代划分，可分为近代京剧、现代京剧和当代京剧。从老生这一行而论，谭鑫培是近代阶段之集大成者。余叔岩、言菊朋、高庆奎的艺术成就则代表现代阶段老生行的高峰。崛起于现代而足为当代老生的代表人物，则应推马连良。”为纪念马连良诞辰100周年，全国政协主席李瑞环题词“潇洒飘逸贵精美，继往开来一大家”。

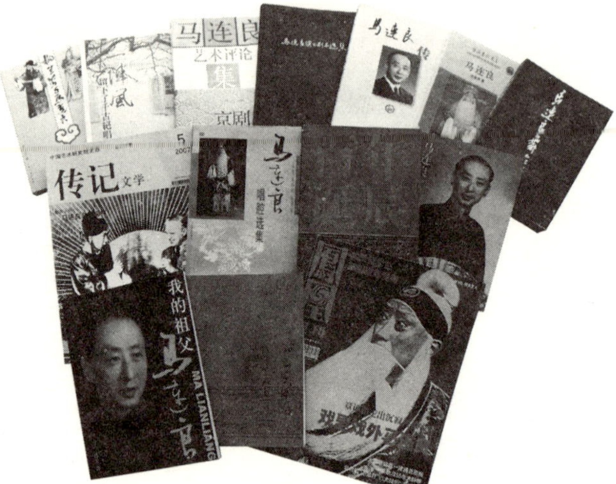

有关马连良的书籍刊物

马连良音像制品

虽然马连良已经离开我们四十余年，但他的艺术生命却在不断地延续。热爱马连良以及马派艺术的人们，至今还经常前往马连良墓地凭吊。在马连良四十年冥祭的时候，一位青年“马迷”在墓地上留下了他朴实的祭文。

告马君连良先生：

晚辈仰慕先生之才艺，惜生晚于时，无缘相见。然先生之音若弥天籁音，为我辈所推崇。今逢先生辞世四十周年，晚辈特来祭扫，以慰先生在天之灵。四十年间，地覆天翻。望先生在天之灵保佑马门重兴，梨园重盛。斯我辈幸甚，民族幸甚。既赞曰：

万载扶风韵，千古马连良。

香山脚下，万华山麓，在一片郁郁葱葱的松柏掩映下，马连良与他的好友梅兰芳隔山相望。在他的身边，有忠诚的弟子言少朋，有当年的同事周和桐、任志秋等，他们都长眠在这一片万绿丛中。清风徐来，仿佛伴随着他们悠扬的歌声。也许，他们又在策划着一场天堂里的演出吧……

马连良大事年表

1901年

· 清光绪二十七年正月初十，即公历2月28日生于北京阜成门外檀家道。

1906年

· 入北京三里河清真寺小学读书并学习古兰经。

1907年

· 第一次在阜成园观看宝胜和班的大戏，即被舞台上的艺术所吸引。

1908年

· 被父亲送到香厂樊顺福先生家学习京剧二月余。

1909年

· 农历正月十五，在广德楼经叶春善社长同意，入喜连成（后改名为富连成）科班。排“连”字辈，经萧长华先生起名连良，字温如。

· 学戏半年后，首次于广和楼登台，演《大赐福》中张仙。

1910年

· 师从叶春善、萧长华、蔡荣贵等各位先生学老生。先学基本小戏，习演配角。

· 在谭鑫培等参演的义务戏《朱砂痣》中，饰演天赐，表演出众，观众惊叹不已。

1911年

· 学老生文、武戏二十余出，基本是配角。同时兼学其他行当。

1912年

· 科班演出后，每人发给点心钱。省吃俭用蓄至一元，回家奉给母亲。

1913年

· 多演《铁莲花》、《胭脂虎》等做工戏，还继续扮演一些二路老生的角色。

1914年

· 在《朱砂痣》中扮演吴惠泉，甚得好评。

· 开始担任主演老生，第一次演出正戏《黄鹤楼》，饰刘备。一月之内学习大小角色戏三十七出。逐渐成为科班中培养的老生主力。

1915年

· 私淑前辈贾洪林先生，且模仿得惟妙惟肖，科班内称其为“小贾洪林”。

1916年

· 春，拜贾洪林先生为师。

· 在萧长华先生重排的四本《三国志》中饰演诸葛亮，并在“借东风”一折中编排新唱段。“借东风”从此唱响，为其代表作。

1917年

· 于农历二月初九毕业出科。

· 加入三叔马崑山在福州的社班，任老生主演，演出于南国多地。后于汉口合记大舞台，与欧阳予倩合演《二堂舍子》等剧。

1918年

· 中秋节前返回北京，再入富连成科班。继续深造。

· 10月1日，首演于广和楼，日场大轴戏《八大锤》，饰王佐。

1919年

· 8月30日，于广和楼与马富禄合演《焚棉山》，饰介子推。

· 与王宝珍结婚，夫人婚后更名王慧茹。

1920年

· 3月9日，于广和楼首演以念白为主的《三字经》，饰罗英。

· 8月14日，于广和楼演出《天雷报》，饰张元秀。唱念俱重，为其杰作。

1921年

· 年底，辞别富连成科班，结束三年多的深造生涯。

1922年

· 春，在上海亦舞台与荀慧生合作演出，挂谭派须生头衔。

· 3月2日，演打炮戏《琼林宴》。此次演出为期四个月，包括《南天门》等剧目，与荀慧生合演68场。其间与小杨月楼合作，并创排南派剧目《对金瓶》、《石头人招亲》。

· 在上海收李万春为第一个学生。

· 应上海百代唱片公司之邀，首次以“扒”字调灌制《定军山》等6张唱片。

· 7月22日，与红生泰斗王鸿寿合作，于庆乐园演出《三国志》，饰诸葛亮。

· 在天津潘馨航举办的堂会中，首次与梅兰芳合演《游龙戏凤》。

· 12月初，清逊帝溥仪大婚，于宫内与茹富兰合演《借赵云》。

· 12月25日，搭入玉华社，于中和园演出《战蒲关》，饰刘忠。

1923年

· 4月，于上海亦舞台与尚小云等演出《宝莲灯》等剧目。

· 返京后，被俞振庭邀请加入双庆社。

1924年

· 2月初，于上海亦舞台与荀慧生再次合作。共演出三个半月，除演出传统戏《御碑亭》等剧外，还参与创演新戏《头、二本宝莲灯》、《头、二本韩湘子九度文公》、《孝义家庭》等。

· 2月25日，演出《甘露寺》，饰前乔玄后鲁肃。新唱腔“劝千岁”灌制唱片。

· 秋后返京，参加荣蝶仙组班的和胜社，与朱琴心并挂双头牌。

· 9月13日，于吉祥园日场演和胜社打炮戏《定军山》，饰黄忠。

· 《京报》主编邵飘萍为其题写“须生泰斗、独树一帜”。

1925年

· 9月，于上海共舞台与徐碧云合演《全部御碑亭》等剧目，为期37天。

· 12月17日，返京后搭入尚小云的协庆社，于三庆园与尚合演《宝莲灯》。

1926年

· 年初，随协庆社赴上海、汉口等地演出。

· 12月23日，搭入协合社，于开明戏院与朱琴心首次合演《全本玉镯记》。

1927年

· 1月底，于上海天蟾舞台与周信芳合作演出，为期近60天。

· 3月5日，首演新编剧目《武乡侯》，饰孔明。

· 3月13日，首演新编剧目《火牛阵》，饰田单。

· 6月，陈春龄、李春林组班春福社，任头牌老生。

· 6月9日，于庆乐园与老前辈钱金福、王长林合演春福社打炮戏《定军山》。

· 余叔岩、马连良、高庆奎被并称为“须生三大贤”。

1928年

· 1月8日，于华乐园首演新编剧目《鸿门宴》，饰范增。

· 3月18日，于华乐园首演新编剧目《全本范仲禹》，饰范仲禹。

· 5月18日，于上海丹桂第一舞台首演新编剧目《全本清风亭》，饰张元秀。

· 8月，与陈春龄合组扶春社，任头牌老生。

· 12月8日，于北京中和园首演新编剧目《三顾茅庐》，饰孔明。

· 12月15日，于中和园首演新编剧目《大红袍》，饰海瑞。

· 12月初，赴天津拜孙菊仙先生为师。

1929年

· 9月，与荣蝶仙、李玉安合组扶荣社，原扶春社主要演员加盟，继续上演改编新戏。

· 10月20日，于华乐园演出《十道本》，饰前褚遂良后李渊。

· 11月中，于上海荣记大舞台与胡碧兰、姜妙香、金少山合作演出近50天。

· 于上海收马盛龙为弟子。

1930年

· 年初，于上海大舞台与梅兰芳合作演出《探母回令》等剧，并与梅合灌《打渔杀家》等唱片。

· 3月23日，于中和园首演新剧《要离刺庆忌》，饰要离。

· 秋，自组扶风社。

· 9月26日，于中和园演扶风社打炮戏《四进士》，饰宋士杰。

· 10月12日，于中和园首演新剧《安居平五路》，饰前诸葛亮后邓芝。

1931年

· 1月，赴沪与杨小楼合作演出《八大锤》等剧。被观众赞誉为“艺坛双绝”。

· 4月30日，于开明戏院首演改编新剧《楚汉争》，饰纪信。

· 5月13日，于吉祥戏院首演改编新剧《苏武牧羊》，饰苏武。

· 6月初，赴上海参加杜祠落成典礼之南北名伶大汇演，连演三天。

1932年

· 6月22日，于华乐园首演新剧《假金牌》，饰孙伯阳。

· 改革剧装，整洁台容，将旧式门帘台帐革新为大边幕形式。

1933年

· 2月24日，马连良灌音制片社成立。

· 3月6日，为慰劳抗战将士，于华乐戏院发起演出义务戏《马义救主》。

· 4月中旬，于天津春和戏院与周信芳二次合作，被观众赞誉为“南麒北马”。

· 夫人王慧茹逝世。

1934年

· 1月3日，于华乐戏院演出《全本一捧雪》，一人连饰三角。

· 1月17日，于华乐戏院首演新编剧目《楚宫恨史》，饰伍奢。

· 9月初赴沪，于上海荣记大舞台与梅兰芳合演《汾河湾》等剧目。

· 12月，收中华戏校学生王和霖、王金璐为弟子。

· 与陈慧琏结婚。

1935年

· 1月26日，于吉祥戏院首演新编剧目《羊角哀》，饰羊角哀。

· 8月1日，父马西园逝世。

· 9月16日，遵父亲遗嘱，于吉祥戏院为赈济湖北水灾演出义务戏《清风亭》。

· 于长沙收李慕良为弟子。

1936年

· 1月23日，赴上海为新光戏院揭幕演出《御碑亭》。

· 2月24日，于新光戏院首演新剧《胭脂宝褶》，饰前永乐帝后白怀。

· 3月9日，演出《法门寺》后，于新光戏院与著名影星卓别林会面。

· 9月19日，主持天津中国大戏院开幕式并剪彩，演出《群英会·借东风》。

1937年

· 3月7日，与人合股投资的北平新新大戏院开幕。

· 5月1日，为上海黄金大戏院重张揭幕，与张君秋合演《龙凤呈祥》。

· 收周啸天为弟子。

1938年

· 4月23日，于新新大戏院首演新剧《串龙珠》，饰徐达。由于该剧表现反抗异族压迫，即被日伪当局禁演。

· 10月5日，于上海黄金大戏院首演新编京剧《春秋笔》，饰前张恩后王彦丞。

· 与张君秋、叶盛兰、刘连荣、马富禄被观众誉为“扶风五虎”。

1939年

· 11月28日，于新新大戏院首演改编剧目《临潼山》，饰李渊。

· 收言少朋为弟子。

1940年

· 新新大戏院被迫卖出。

1941年

· 在各地巡回演出，上演《串龙珠》、《春秋笔》等新戏。

1942年

· 5月25日，于天津中国大戏院首演新剧《十老安刘》，饰前蒯彻后张苍。

1943年

· 9月2日至10月30日，于上海天蟾舞台与于连泉、林树森、王吟秋以“四大头牌”名义公演，盛况空前。

1944年

· 1月24日，为上海中国大戏院开幕，与王吟秋、叶盛兰、袁世海等演出《火牛阵》。

1945年

· 抗战胜利后，作为主要出资人为梨园界同仁集体戒烟，深得人心。

1946年

· 7月11日，为苏湘灾民筹款，于上海中国大戏院与梅兰芳合演《四郎探母》。

· 7月12日，因1942年冬赴东北演出事，被北平当局诬陷，不久返京。

1947年

· 6月底，被诬之事大白。

· 8月25日，赴上海参加杜寿慈善义演，与梅兰芳等人合演《四郎探母》等剧。

1948年

· 12月20日，以“马连良、张君秋、俞振飞剧团”名义，于香港娱乐戏院首演《龙凤呈祥》。

1949年

· 应香港胜利影业公司之邀，拍摄电影《借东风》、《梅龙镇》、《渔夫恨》。

1950年

· 5月24日，于香港利舞台演出马派名剧《春秋笔》。

· 在香港收汪正华及粤剧名家邓永祥（新马师曾）为弟子。

1951年

· 10月1日，秘密抵达广州，受到中南局方面的热烈欢迎。

· 与张君秋合作组成中南联谊京剧团并开始巡回演出。

1952年

· 3月9日、10日，于北京长安大戏院演出《四进士》、《苏武牧羊》。

· 5月，母亲满氏逝世。

· 7月1日，于北京饭店受到周恩来总理的接见。

· 8月19日，于天津中国大戏院马连良剧团演打炮戏《甘露寺》。

· 于牡丹江收李玉书为弟子。

1953年

· 10月4日，与梅兰芳、周信芳、程砚秋等人参加第三届赴朝慰问团。

1954年

· 年初，从朝鲜回国后，在丹东、鞍山等地慰问演出。

1955年

· 11月，马连良剧团与谭富英、裘盛戎为首的北京市京剧二团合组北京京剧团，任团长。

· 12月初，于天桥剧场举行建团演出，与谭富英、裘盛戎合演《群英会·借东风》等剧目。

· 收童祥苓为弟子。

· 任中国人民政治协商会议北京市第一届委员会委员。

1956年

· 9月1日，北京市京剧工作者联合会成立，任副主任委员。

· 冬，参加北京电影制片厂彩色舞台艺术片《群英会》、《借东风》的拍摄工作，饰诸葛亮。

· 收关正明为弟子。

1957年

· 1月2日，于长安大戏院举行二次合团演出。与谭富英、张君秋、裘盛戎合演《龙凤呈祥》。

1958年

· 7月19日，于工人俱乐部首演改编剧目《秦香莲》，饰王延龄。

1959年

· 1月12日，于人民剧场与中国京剧院合作演出《赤壁之战》，饰诸葛亮。

· 3月9日，于工人俱乐部首演老舍新编剧目《青霞丹雪》，饰冯丹雪。

· 3月26日，于工人俱乐部首演新编剧目《赵氏孤儿》，饰程婴。

· 收梁益鸣为弟子。

1960年

· 2月4日，与裘盛戎于工人俱乐部合演改编剧目《舍命全交》，饰左伯桃。

· 4月29日，于人民剧场首演孙承佩新编剧目《官渡之战》，饰许攸。

· 9月15日，于工人俱乐部首演吴晗新编剧目《海瑞罢官》，饰海瑞。

· 任中国戏剧家协会理事，艺术委员会、福利委员会副主任。

1961年

· 4月30日，于工人俱乐部与赵燕侠合演《乌龙院》。

· 收冯志孝、张学津为弟子。

1962年

· 任北京市戏曲学校校长，并传授《审头刺汤》、《赵氏孤儿》等剧目。

· 收迟金声、朱秉谦、张克让为弟子。

1963年

· 4月底，率北京京剧团赴港澳演出近三个月，演出《赵氏孤儿》等剧目。

· 秋，赴长春拍摄电影《铡美案》。

· 收河南越调名家申凤梅为弟子。

1964年

· 7月9日，于工人俱乐部参演现代戏《杜鹃山》，饰郑老万。

· 任中国人民政治协商会议第四届全国委员会委员。

1965年

· 8月18日，于工人俱乐部参演现代戏《南方来信》，饰杨老青。

· 冬，与张君秋同被调入北京市京剧二团。

1966年

· 3月5日，于吉祥剧院与张君秋合演现代戏《年年有余》，饰雷老四。

· 12月16日，因在文革中不断遭到迫害，突发心脏病于北京阜外医院逝世。

后记

《马连良画传》一书终于完成了，从动笔到今天断断续续大约用了一年的时间，这是我始料未及的。当初以为2007年出版了传记《我的祖父马连良》，2009年又出版了大型画册《京剧大师马连良》，有这两本书为基础，编写一本"画传"是非常容易的事情，其实并不像我想象的那么简单。

首先，我希望在"画传"中尽可能不重复当年"传记"的资料，能给读者一些新的内容，使之得到不同的感悟与启迪。于是我尽量避开"传记"中所走的生活轨迹，沿着我祖父的艺术发展道路来开掘，希望"画传"能够起到对"传记"有所补充的作用。但我毕竟不是京剧专业人士，写起来方知着实不易。查找新的资料不但费时耗力，而且收效甚微。个别内容不免与"传记"有雷同之处，望读者见谅。

其次，说到"画传"就不能不提及2009年出版的大型画册《京剧大师马连良》。三年多以前，我有编撰"画册"这一想法的时候，心里并不十分有底气。因为有关我祖父马连良先生的剧照、生活照在我手上只有二三百张，离出版一本大型画册所要求的照片数量相去甚远。经过了两年多的搜集整理工作，在各界朋友的鼓励和支持下，我们从世界各地共收集了两千余件有关马连良的艺术资料，极大地丰富了我们的"内存"，使出版"画册"的工作能够顺利完成。为了能将这些难得一见的老照片与大家一起分享，于是决定从中挑选出近三百张有代表性的图片编写"画传"，相信它的出版能够满足广大读者和戏迷朋友们的需要。

在今年保利春拍的一次预展上，我有幸亲眼目睹了北宋书法大家黄庭坚的《砥柱铭》真迹，它给我的震撼与冲击力难以名状，使我真正地理解了收藏界人士常说的"过眼即是福"这句话的含义。当时我马上想到，经过我手有关祖父马连良的图片有两千多张，对于热爱京剧马派艺术的人来说，我的这种福分实在太大了，是这一张张颜色泛黄的老照片让我对祖父的艺术有了一个全面深入的了解。我是幸运与幸福的，因为有太多的人给予了我无私的帮助。在编撰"画册"与"画传"的过程中，是他们让我从心里没底儿一步一步地走向成竹在胸。否则，以我个人的能力是根本无法完成这一繁难而艰巨的工作的。

这里我要特别感谢我国著名的京剧专家刘乃崇、王家熙、马铁汉先生，是他们用几十年的心血收藏了这些无价“珍宝”，让我们能够有幸目睹大师当年的风采；京剧界的朋友肖润德、陈超、陈志明等，还有热心的戏迷朋友郭文英、高海滨、赵炜、李世强等人，为我提供了丰富的资料，其中有些朋友至今还素未谋面。要感谢的人实在太多，纸短情长，书不尽言。如有疏漏之处，望方家谅之。另外，摄影者除了刘玉茗、张京虎先生外，书中许多历史照片的摄影者已无从考证。因此，未能予以署名，在此一并深表谢意。

今天能够将马连良的图片整理成书，我可以十分坦诚地说，最应该感谢的是我祖父本人。他小时候每次从广和楼走大队回富连成科班的路上，经常被前门大街一带照相馆的橱窗所吸引。里面有琳琅满目、千姿百态的名角剧照，他心想自己何时能够成为其中的一员。成为科班“台柱子”之后，不断地将点心钱积攒起来。一天，与于连泉等几个要好的师兄弟从大队里溜了号，终于过了一把照相的瘾。

这种对美好事物执着追求的超前意识，成为了他性格中闪光的亮点，与他日后在艺术方面的创作和追求有着天然的联系。就照相而言，与他同时代的许多人当时还比较因循守旧，自然也就留下了不少的遗憾，而他却对此情有独钟。想不到这一爱好为后人留下了珍贵的艺术遗产，使我们看到了他对京剧事业的贡献，以及京剧历史发展与流变。十年浩劫后，尽管家中所存照片损失殆尽，由于热爱马连良及马派艺术的人多，存世的照片数量相对较大，因此我们才能有幸把这本《马连良画传》奉献给读者，我想这就是文化的力量吧。

马龙

2011年1月1日于京华古历轩

图书在版编目（CIP）数据

马连良画传/马龙著. －北京:作家出版社，2011.3
ISBN 978－7－5063－5641－1

Ⅰ.①马… Ⅱ.①马…Ⅲ.①马连良（1901～1966）－传记－画册 Ⅳ.①K825.78－64

中国版本图书馆 CIP 数据核字（2010）第223216号

马连良画传

作　　者：马　龙
责任编辑：王宝生　苏红雨
装帧设计：|合|和|·蒋艳
出版发行：作家出版社
社址：北京农展馆南里10号　　邮码：100125
电话传真：86－10－65930756（出版发行部）
86－10－65004079（总编室）
86－10－65015116（邮购部）
E－mail：zuojia@zuojia.net.cn
http://www.zuojia.net.cn
印刷：北京汇林印务有限公司
成品尺寸：170×230
字数：100千
印张：18.75
印数：001－10000
版次：2011年3月第1版
印次：2011年3月第1次印刷
ISBN 978－7－5063－5641－1
定价：42.00元